IX ९चिन्हहरू | प्रथम कदमहरूको शृङ्खला

चर्च

के म जानैपर्छ ?

जे. गेरेट केल

शृङ्खला सम्पादक: मेज मेकोनल

GOSPEL PUBLICATION

चर्च: के म जानैपर्छ (Nepali)

Church: Do I Have to Go?

Copyright © 2023 by Gospel Publication Nepal

Originally Published by Christian Focus Publications. Translated and printed by Gospel Publication with permission. All rights reserverd. All scripture quotations are from NNRV.

First Nepali Edition 2023 — 1000 Copies

Published by

Gospel Publication Pvt. Ltd

Kumarigal-7, Mitrapark, Kathmandu

gospelpublicationnepal@gmail.com

Phone No. : (+977) 9808744131

Gospel Publication (GP) Pvt. Ltd. is the publishing ministry of Kathmandu Community Baptist Church (https://kathmanducommunitychurch.com). Gospel Publication exists to meet the need of thousands of Nepali Churches locally and globally by translating, publishing, and distributing good / faithful English books into the Nepali language. The Gospel Publication would also publish and distribute books written by local writers and pastors.

To learn more about us, you can visit our website :http:// www.gospelpublication.com/ or email us at gospelpublicationnepal@gmail.com

9Marks ISBN: 978-1-960877-48-2

जीवित रहेका पास्टरहरू मध्ये कमै मात्र छन् जसलाई म गेरेट केलभन्दा ज्यादा आदर गर्छु । उहाँको गहिरो बाइबलीय अन्तरदृष्टि र सान्दर्भिक पास्टरीय भावहरूद्वारा लेखिएको लेखले मलाई सधैं मद्दत पुऱ्याइरहेको छ । के म चर्च जानु पर्छ ? पनि त्यस्तै लेखहरू मध्ये एक हो । म चाहन्छु कि यो पुस्तक म अझ जवान हुँदा नै प्रकाशित भएको भए कति उत्तम हुन्थ्यो ! तर अहिले प्रकाशन हुँदा पनि म निक्कै उत्साहित भएको छु । यसको दुईचार प्रति किनेर उदारचित्तका साथ अरूलाई बाँडिदिनुहोस् ।

म्याट स्मिथ्रस्ट
द गोस्पल कोलिसनका
प्रबन्धक सम्पादक

शब्दहरूमा उच्चारण नहुने भएजस्तो ख्रीष्टियानमतको लागि चर्च पनि त्यस्तै भए जस्तो लाग्छ । सबैलाई यसको आवश्यकता थाहा भए पनि थोरैलाई मात्र कारण थाहा हुन्छ । गेरेटले एक असल शिक्षकको भूमिका निभाउनुभएको छ - अझ भन्नु पर्दा त एक असल मिस्त्रीको । उनले चर्चको तत्वहरूलाई एकएक गरेर अलगअलग बनाउँछन् र यसको महत्व र आवश्यकतालाई देखाई सहजै रूपमा तिनीहरूलाई फेरि एकत्र गर्दछन् । यसको अन्तिम नतिजा भनेको पाठकहरूले चर्चको आवश्यकतालाई मात्र स्वीकार गर्दैनन् तर त्यसको सुन्दरता देखेर उनीहरू मोहित पनि हुन्छन् । कुनै एक चर्चको मूल ढोकाबाट भित्र पस्ने सबै जनाको लागि यो एकदमै सहयोगीसिद्ध श्रोत हुनेछ ।

जोन आन्वुचेक्व
पाष्टर, जोर्जिया एट्लान्टामा अवस्थित कर्नरस्टोन चर्च

विषय सूची

पृष्ठभूमि

म चर्चको बारेमा पुस्तक लेख्दैछु, यो देखेर आफैंलाई अचम्म लागिरहेको छ । सानो छँदा म चर्च गएको थिएँ, तर आफूले चाहेजस्तो पाइनँ । माध्यमिक विद्यालय र कलेजमा हुँदा चर्चको बाल्कोनीमा अघिल्लो रातको पार्टीको झुलाइमा झुल्दै बिताएँ । मेरो लागि येशू ध्यानाकर्षण पाएको व्यक्ति वा दन्त्यकथाको पात्र भन्दा बढी हुनुहुन्थ्यो । तर मेरो कलेज सकिन लाग्दा परमेश्वरले मेरा सबै पूर्वधारणाहरूलाई परिवर्तन गरिदिनुभयो । एउटा पार्टीमा एक जना साथीले मसँग येशूले दिनुहुने क्षमादानको बारेमा कुरा गर्नुभयो, जसले मेरो जीवनमा पूर्ण रूपान्तरणको काम सुरु गऱ्यो । परिवर्तनको केही समयसम्म म अन्य ख्रीष्टियानहरूबाट अलग्गै बस्थेँ तर तुरुन्तै मैले यो थाहा गरेँ कि मलाई चर्चको खाँचो छ र चर्चलाई मेरो खाँचो छ । अहिले म वासिङ्गटन डि.सी. बाहिर रहेको चर्चको पास्टर हुँ । हामी सिद्ध मानिसहरूको समूह होइनौं, तर हरेक हप्ता येशू ख्रीष्टमा भएको परमेश्वरको अनुग्रहमा सहभागी हुनलाई हामी भेला हुन्छौं । हामी एकअर्काको पापको विरोध गर्न र विश्वासद्वारा परमेश्वरको प्रतिज्ञामा लिप्त् हुनलाई प्रोत्साहन दिँदै एकअर्कालाई स्वर्गतिर लम्कन सहायता गर्छौं । मेरो प्रार्थना यही छ कि परमेश्वरले तपाईंलाई जहाँ राख्नुभएको छ त्यहीँ ठाउँमा नै यो छोटो पुस्तिकाले तपाईंलाई पनि मेरो चर्चमा भइरहेको अभ्यासलाई अभ्यस्त गर्न सहायता पुऱ्याउनेछ ।

जे. गेरेट केल
मे २०१९

श्रृंखलाको परिचय

पहिलो कदमहरू नामक शृङ्खलाले ख्रीष्टियान परिवेशमा नभएका मानिसहरूलाई येशूलाई पछ्याउन पहिलो कदम लिन सुसज्जित हुन सहायता पुऱ्याउँछ । हामीले यसलाई 'सेवाको लागि मध्यमार्ग' पनि नामाकरण गरेका छौं । किनकि हामी यो विश्वास गर्दछौं कि हरेक ख्रीष्टियान आफ्नो पृष्ठिभूमि वा जीवनको अनुभवको बावजुद पनि ख्रीष्ट र उहाँको चर्चको सेवा गर्न सुसज्जित हुनुपर्दछ ।

यदि तपाईं कठिन ठाउँहरूमा चर्चको अगुवाको रूपमा सेवा गरिरहनुभएको छ भने येशूको शिक्षासँग अविज्ञ मानिसहरूलाई चेलाहरू बनाउन यी पुस्तकहरूलाई एउटा औजारको रूपमा प्रयोग गर्नुहोस् । यी पुस्तकहरूले उनीहरूलाई चरित्र, ज्ञान र व्यवहारमा वृद्धि हुनका लागि सुसज्जित पार्नेछन् ।

अथवा यदि तपाईं ख्रीष्टियान विश्वासमा नयाँ हुनुहुन्छ र ख्रीष्टियान हुनु भनेको के हो वा वास्तवमा बाइबलले के भन्छ जस्ता कुराहरूसँग संघर्ष गरिरहनुभएको छ भने येशूको चेलाको रूपमा पहिलो कदम चाल्नलाई यी सामग्रीहरू तपाईंको लागि सरल मार्गनिर्देशक हुन् । यी पुस्तकहरूलाई प्रयोग गर्ने धेरै तरिकाहरू छन् ।

- व्यक्तिगत अध्ययनको लागि प्रयोग गर्न सकिन्छ; जहाँ एक व्यक्तिले पाठ्यसामग्रीहरू पढी त्यहाँ भएका अभ्यासहरू एक्लै पनि गर्नसक्छन् ।
- दुईजना व्यक्ति मिलेर प्रयोग गर्न सकिन्छ; जहाँ उनीहरूले एकअर्कालाई भेट्नुभन्दा अघि सामग्रीहरू पढेर आउँछन् र सँगै मिलेर प्रश्नद्वारा छलफल गर्नसक्छन् ।
- सामूहिक परिवेशमा पनि प्रयोग गर्न सकिन्छ; जहाँ एकजना अगुवाले सामग्रीहरूलाई प्रस्तुत गर्नुहुन्छ र उक्त अवधिमा बेलाबेला सामूहिक छलफलको लागि समय छुट्याउन सकिन्छ ।

तपाईंले तयार पार्नुभएको परिवेशले यी श्रोतहरूलाई कति उत्तम तरिकाले प्रयोग गर्नुहुन्छ, त्यसको निर्धारण गर्नेछ ।

पाठक मार्गचित्र

उमङ्ग - म तपाईंलाई उमङ्गसँग परिचय गराउँदै छु। हरेक पाठमा तपाईंले उसको बारेमा र उसको जीवनमा घटिरहेको घटनाहरूको बारेमा सुन्नुहुनेछ। हामी यो चाहन्छौं कि तपाईंले बाइबलबाट सिक्नुभएको कुराको टिपोट गर्नुहोस्। साथै हामी यो पनि चाहन्छौं कि त्यो कुराले उमङ्ग र हाम्रो आफ्नै जीवनमा के फरक पारेको छ सो कुराको विचार तपाईंले गर्नुहोस्। त्यसैले जब तपाईंले यो चिन्ह देख्नुहुन्छ तब तपाईंले उमङ्गको जीवनमा के भइरहेको छ भन्नेबारेमा केही कुरा सुन्नु हुनेछ।

चित्रण - वास्तविक जीवनको उदाहरण र चित्रणहरूको प्रयोग गरी यस खण्डले हामीलाई भन्न खोजेको कुरा प्रष्टसँग बुझ्न मद्दत पुऱ्याउँछ।

रोकिनुहोस् - जब हामी महत्वपूर्ण वा कठिन भागमा आइपुग्छौं तब हामी तपाईंलाई रोकिनको लागि आग्रह गर्छौं ताकि हामीले भर्खरै पढेका कुरालाई तपाईंले मनन गर्नुहोस् वा त्यसको बारेमा अरूसँग बातचित गर्नुहोस्। यहाँ केही प्रश्नहरूको उत्तर दिनुपर्ने पनि हुन्छ वा उमङ्गको कथालाई सुन्नुपर्ने पनि हुन्छ।

मुख्य पद - बाइबल हाम्रो लागि दिइएको परमेश्वरको वचन हो र यो नै हामीले विश्वास गर्नुपर्ने सबै कुरा र हामीले देखाउनुपर्ने हरेक हाउभाउको निर्णायक वचन हो। यसैकारण हामीले पहिले र होशियारी साथ बाइबललाई पढ्न चाहन्छौं। त्यसैले जब तपाईंले यो चिन्ह देख्नुहुन्छ तब तपाईंले त्यहाँ भएको बाइबलको खण्डलाई तीन पटक पढ्नु वा सुन्नु पर्नेछ। तपाइसँगै भएको व्यक्तिहरू बाइबल पढेको रुचाउँछन् भने सबै जनालाई एकएक पटक पढ्न लगाउनुहोस्।

कण्ठस्थ पद - हरेक पाठको अन्त्यमा हामीले एउटा बाइबल पदलाई कण्ठस्थ गर्नका लागि सुझाव गर्छौं। हामीले हाम्रो परिवेशमा कण्ठस्थ पद एकदमै प्रभावकारी पायौं। कण्ठ गर्नुपने पदहरू हामीले अध्ययन गरेको पाठको सामग्रीसँग सम्बन्धित हुनेछ।

निष्कर्ष - साथै हरेक पाठको अन्त्यमा हामीले पाठको सामग्रीको छोटो सारांशलाई पनि समावेश गरेका छौं। यदि तपाईं अर्को व्यक्तिसँग मिलेर यो पुस्तक पढ्दै हुनुहुन्छ भने, अघिल्लो भेटमा छलफल गरेको कुरालाई स्मरण गराउन यो खण्डले मद्दत गर्नेछ।

उमङ्गको परिचय

उमङ्ग काठमाडौंमा हुर्किएको थिए। सम्पत्तिको नाममा हजुरबुबाको पालाको माटोको सानो घर र अलिकति करेसाबारी थियो। बाउ जँड्याहा। घरमा भन्दा पनि भट्टीमा नै उसको दिन बित्थ्यो। आमाले दोस्रो विवाह गरेकी थिइन्। तसर्थ, उसको घर शून्य थियो। अनि त्यति नै उसको जिन्दगी शून्य र निरस थियो।

उमङ्गको जीवन कठिन थियो तरै पनि उनले त्यसमाथि विजय हासिल गर्ने बाटो भेटायो। उनको साथीहरूले उसलाई मोजमस्ती र पार्टी गरेर जीवन बिताउने ठिटोको रूपमा चिनेका थिए। तर त्यो सबै कुरालाई एउटा घटनाले सदाको निम्ति परिवर्तन गऱ्यो। उमङ्ग र उसका केही साथीहरू मिलेर चरिकोट घुम्न गएका थिए। फर्किने क्रममा सुनकोशीमा पौडी खेल्न पसे। पौडी खेल्ने क्रममा उसको साथी रोशन (जो ख्रीष्टियान थियो) लाई खोलाले बगायो। उनीहरूले हर प्रयास गरे तर रोशनलाई बचाउन सकेनन्। गाउँलेहरूको सहायतामा बल्लतल्ल उसको मृत शरीरलाई पाखामा ल्याउन सफल भए।

त्यसको केही दिन उमङ्गको लागि कहालीलाग्दो र निसासिलो भयो। रोशनलाई खोलाको बिच तिर पौडी खेल्न उक्साउने ऊ नै थियो। उसकै आँखा अगाडि रोशन बगेर गएको थियो। उसलाई आफैंप्रति रिस उठ्यो, पश्चात्तापले मुटु जल्यो र निक्कैबेर उसले आफैंलाई धिक्कार्यो। उसको मनमा यही प्रश्न उठिरह्यो; किन रोशन मर्नु परको ? किन म चाहिँ मरिन ? मैले उसलाई खोलाको बिचतिर नलगेको भए के हुन्थ्यो ? मृत्युपछि उसको अवस्था के भयो होला ? ऊ कहाँ गयो होला ?

रोशनको दफनमा ऊ भारी मन लिएर पुग्यो। उसको चर्चको पास्टरले उद्धारकर्ताको बारेमा बोल्नुभयो जो हाम्रो अन्धकारमय अनि कहालीलाग्दो दिनहरूमा शान्ति दिनलाई आउनुभयो। उमङ्गलाई त्यो शान्ति आफ्नो जीवनमा प्राप्त गर्ने चाह भयो। तर त्यो कहाँ पाउँछ भन्ने उसलाई थाहा थिएन।

अर्को हप्ता काम गर्ने ठाउँमा उसको सहकर्मी उत्तम (उ पनि एक ख्रीष्टियान थियो) ले उनको निम्ति प्रार्थना गरिरहेको छु भनी सुनायो । उमङ्गलाई धार्मिक कुराकानीबाट पारो तात्थ्यो तर त्यस दिन उसलाई आनन्द लाग्यो । जसै उनीहरू कुरा गर्दै थिए उत्तमले उसलाई यो कुरा प्रष्टसँग बतायो कि येशू मर्नुभयो र फेरि जीवित हुनुभयो ताकि हामीले परमेश्वरको शान्तिको महसुस गर्न सकौँ । त्यस रात उमङ्गले उत्तमसँग भएको कुराकानीको बारेमा सोचिरह्यो । येशूको बारेमा सुन्दा उसलाई जिन्दगी अर्थपूर्ण भए जस्तो लाग्यो । जब ऊ भोलिपल्ट उठ्यो तब उसले चर्च जाने निर्णय गऱ्यो ।

भन्न खोजेको के हो ?

चर्च एउटा निश्चित स्थान नभई मानिसहरूको भेला हो ।

पाठ १.
चर्च के हो ?

उमङ्ग

चर्च नजिकको चिया पसलमा उमङ्ग बसेको बिस मिनेट जस्तो भइसक्यो । उसले दुईटा चुरोट तानी सक्यो र तेस्रो चुरोटलाई दुई औँलाहरूको बिचमा घुमाइरहेको थियो । चिया पसलबाट उसले मानिसहरू चर्च भित्र प्रवेश गरेको देखिरहेको थियो । चर्चका मानिसहरू एकअर्कालाई देखेर हात मिलाउँदै, मुस्कुराउँदै, अनि अभिवादन गर्दै चर्च भित्र गएको हेरिरहेको थियो । त्यसबेला उसलाई यो लाग्यो कि ती मानिसहरूले उसको जस्तो पीडाको एक छेउ पनि भोगेका छैनन् ।

चर्चको विषयमा उमङ्ग जहिल्यै पनि सतर्क हुन्थ्यो । उ सानोमा साथीहरूसँग चकलेट खानलाई कहिलेकाहीँ बाल सङ्गतिमा बसेको बाहेक चर्च गएको थिएन । उसलाई ख्रीष्टियान विश्वासको बारेमा उसका साथीहरूले फाट्टफुट्ट बाँडेको कुराहरू मात्र थाहा थियो ।

उसलाई भित्रैबाट थाहा थियो कि चर्च उसको लागि होइन । तर त्यस दिन किन हो ऊ चिया पसलबाट उठेर घर फर्कन सकेन । येशूको बारेमा पाएको नयाँ जोशले उसलाई त्यहीँ थमथम्याएर राख्यो । एक दुई पक चुरोट तानी सकेपछि ऊ सिधै चर्चतिर हाँकियो र हलको पछाडिको भागमा गएर टुसुक्क बस्यो ।

रोकिनुहोस्

चर्च सम्बन्धी तपाईंसँग केकस्ता अनुभवहरू छन् ? चर्चमा पहिलो पल्ट जाँदा तपाईंमा केकस्ता भावहरू आए ? के उमङ्गसँग ऊ चर्चमा गएर मद्दत पाउँछु भनी सोच्नका लागि केही कारणहरू छन् ?

मुख्य पद *'म मेरो मण्डली यस चट्टानमाथि स्थापित गर्नेछु' र नरकका ढोकाहरू त्यसमाथि विजयी हुनेछैनन्' - येशू* (मत्ती १६:१८) ।

हामीले जे कुरालाई चर्च भनी ठान्छौं वास्तवमा त्यो चर्च होइन ।

धेरै मानिसहरूले चर्चलाई एउटा भवन वा कार्यक्रम ठान्छन् । अथवा तिनीहरू करिस्म्याटिक पृष्ठभूमिबाट आएका छन् भने निरूता माइजू आत्माले भरिएर बुरुकबुरुक उफ्रँदै दुईचार फन्को लगाएको दृश्य देख्दा मात्र बल्ल उनीहरू चर्चमा भएको आभास गर्दछन् ।

कतिपय मानिसहरूले चर्चलाई यसरी सम्बोधन गर्दछन् तर वास्तवमा चर्च यस्तो होइन । जब येशूले उहाँको चर्च स्थापना गर्नेछु भन्नुभयो तब उहाँले उमङ्ग सहभागी भएको जस्तो भौतिक भवनलाई इङ्गित गर्नुभएको थिएन । उहाँले त अद्‌भूत कुराले भरिएको वस्तुको बारेमा कुरा गर्दैहुनुहुन्थ्यो ।

थाहा पाउनुहोस्, चर्च कुनै स्थान वा थोक नभई वास्तवमा मानिसहरूको समूह हो ।

'चर्च' शब्दको ठेट अर्थ 'सभा' हो । यो येशूको सुसमाचारमा विश्वास गर्ने मानिसहरूको एउटा भेला वा सभा हो । उनीहरूले यो विश्वास गर्छन कि येशूबाट टाढा भएका मानिसहरूलाई उहाँले आफ्नो अनुग्रहद्वारा आफ्नै निज मानिसहरू बनाउनुहुन्छ । यसको अर्थ जब उमङ्ग आराधना सङ्गतिमा बसिरहेको थियो तब ऊ चर्च सेवाको समयमा चर्च भवनभित्र बसिरहेको थियो । तर ऊ चर्चसँग थियो, जुन चाहिँ *परमेश्वरका मानिसहरू हुन् ।*

मुख्य पद *"तर तिमीहरू, जो त्यस बेला ख्रीष्ट येशूबाट टाढा थियौ, अब ख्रीष्टको रगतले नजिक भएका छौ ।"* (एफि २:१३)

बाइबलले यो बताउँछ कि हामी सबैको जीवन परमेश्वरको विरुद्धबाट सुरु हुन्छ । हामी उहाँको विरुद्ध विद्रोहीहरू हौं । हामीले उहाँलाई प्रेम गरेका छैनौं वा उहाँको आज्ञाहरू पालन गरेका छैनौं । परमेश्वर असल हुनुभएको कारण उहाँले हाम्रो न्याय गर्नुहुनेछ । परमेश्वरको आफ्नो ब्रह्माण्डमा सानो वा ठूलो कुनै पनि किसिमको दुष्टतालाई नजरअन्दाज हुन दिनुहुन्न ।

र हामीले परमेश्वरको विरुद्ध जस्तोसुकै व्यवहार गरे तापनि उहाँले हामीलाई क्षमा पाउने माध्यम प्रबन्ध गर्नुभएको छ। सिद्ध जीवन जिउन, पापीहरूको न्यायलाई लिएर क्रूसमा मर्न र उनीहरूलाई नयाँ जीवन दिन मृत्युबाट बौरी उठ्नका लागि परमेश्वरले आफ्नो पुत्रलाई यस संसारमा पठाउनुभयो । अर्को शब्दमा, हाम्रा पापहरूको खातिर हामीले पाउनुपर्ने मृत्युदण्ड येशूले लिनुभयो, र उहाँमाथि भरोसा राख्नेहरूलाई पाप क्षमा दिनु मात्र भएन तर तिनीहरूलाई आफ्नो परिवारमा पनि सामेल गराउनुभयो, जो परमेश्वरद्वारा प्रेम गरिएका छन्।

त्यो बिहानी उमङ्ग चर्चभित्र प्रवेश गर्दा उसले यो कुराको महसुस गरेन कि त्यो कोठाभरि भएका सबै मानिस ऊ जस्तै थिए। यो कुरा पक्का हो कि उनीहरू जीवनमा विभिन्न यात्राहरू तय गरिरहेका थिए । बाह्य रूपमा उनीहरू उमङ्गभन्दा भिन्न नै थिए तर भित्री रूपमा हेर्ने हो भने एउटा प्रमुख कुरा सबै मानिसमा पाइन्छः तिनीहरू सबै जनालाई परमेश्वरको कृपाको असाध्यै खाँचो थियो ।

यो तथ्यले नै चर्चलाई अद्भूत बनाउँछ । मैले यो सुन्दै आएको छु कि चर्च भेला भएका मानिसहरूको संग्रहालय होइन तर एउटा अस्पताल हो, जहाँ टुक्रिएका मानिसहरू परमेश्वर र एकअर्काबाट सहायता पाउन आउँछन् ।

रोकिनुहोस्

यदि चर्च आफ्ना पापहरूबाट बचाइएका मानिसहरूको भेला हो भने, तपाईंको विचारमा उनीहरू कसरी अद्भूत छन् ? उनीहरूले एकअर्कासँग कसरी व्यवहार गर्नुपर्छ भनी तपाईं सोच्नुहुन्छ ? अनि तपाईंको विचारमा उनीहरू एकअर्कासँग भेट्दा कसरी बातचित गर्दछन् होला ?

चित्रण

एक समय म टेक्सासमा बसेको थिएँ । म त्यहाँ सर्दा मैले प्रशस्त गाई र गोठालाहरू देख्ने अपेक्षा गरेको थिएँ, र देखें पनि । तर मैले त्योभन्दा पनि ज्यादा सबै तिर टेक्सासको झण्डा देखें । टेक्सासको तारा झन्डामा फरफराइरहेको थियो, भित्ता भरिरहेको थियो अनि धेरै

मानिसहरूले त्यसलाई शरीरमा खोपेका पनि थिए। म जता गए पनि रातो, निलो र सेतो चिन्ह देखें जसले यो घोषणा गरिरहेको थियो कि, 'तपाईं टेक्सासमा हुनुहुन्छ।'

परमेश्वरका मानिसहरू भनी चिन्ह लगाइएका व्यक्तिहरू अर्थात् चर्चहरूले पनि यसरी नै व्यवहार गर्नुपर्छ। आराधक भएर, पवित्र बनेर र प्रेम गरेर उनीहरूले आफू परमेश्वरको हो भनी घोषणा गर्नुपर्दछ।

मुख्य पद *"यसकारण हल्लाउन नसकिने राज्य पाएकोमा हामी कृतज्ञ होऔं। त्यसैले हामी भक्ति र भयसाथ परमेश्वरलाई ग्रहणयोग्य हुने आराधना चढाऔं। किनभने हाम्रा परमेश्वर भस्म पार्ने आगो हुनुहुन्छ।"* (हिब्रू १२:२८-२९)

हरेक मानिसले केही न केही कुराको आराधना गर्छ। हामी खीष्टियान बन्न अघि शान्ति र आनन्द दिने थोकहरूको रूपमा पैसा, यौन, लागू औषध, भोजन, मोजमज्जा वा प्रसिद्धिलाई हेर्थ्यौं। बाइबलले यिनीहरूलाई मूर्तिपूजा भनी भन्छ किनकि यिनीहरूले हाम्रा हृदयहरूमा परमेश्वरको स्थान लिन्छन् र केवल उहाँले मात्र पाउनुपर्ने भक्ति पाउँछन्।

तर असल खबर येशूले हाम्रा हृदयहरूलाई परिवर्तन गर्नुहुन्छ, जसले हाम्रो आराधनालाई पनि परिवर्तन गर्दछ।

चर्चलाई झूटो कुराहरूको आराधना गर्ने अभ्यासबाट उद्धार गरिएको छ र अब हामी केवल परमेश्वरलाई मात्र श्रद्धा र आनन्दसाथ आराधना गर्न समर्पित भएका छौं।

आराधना तब हुन्छ, जब प्रार्थना गर्न, भजन गाउन, वचन सुन्न र पालन गर्न चर्च एक ठाउँमा भेला हुन्छ। यो त्यतिबेला पनि हुन्छ जब मण्डलीले प्रभु भोज र बप्तिस्माको अभ्यास गर्दछ। तर अझ महत्वपूर्ण कुरा आराधना जीवनको पद्धति हो। रोमी १२:१ ले भन्छ कि, *"यसकारण भाइ हो, परमेश्वरको कृपालाई ध्यानमा राखी म तिमीहरूलाई अनुरोध गर्दछु, कि तिमीहरूको आत्मिक उपासनाको रूपमा आ-आफ्ना शरीरलाई पवित्र र परमेश्वरलाई ग्रहणयोग्य हुने जिउँदो बलिको रूपमा अर्पण गर।"*

चर्च मानिसहरूको त्यो भेला हुनु पर्दछ, जो एक ठाउँ भेला हुँदा र संसारमा छरिदा परमेश्वरको आराधना गर्दछन् ।

रोकिनुहोस्

येशूलाई पछ्याउनुभन्दा अघि तपाई केकस्ता मुर्तिपुजाहरूमा व्यस्त हुनुहन्थ्यो ? तिनीहरूले तपाईंलाई कसरी लोभ्याउने गर्दथ्यो ? तपाईको विचारमा परमेश्वरलाई सही तरिकाले आराधना गर्नु भनेको के हो ?

मुख्य पद *'आज्ञाकारी बालकहरू भएका हुनाले अगाडिको अजान अवस्थाका कुइच्छाहरूमा तिमीहरू अब नलाग । तर तिमीहरूलाई बोलाउनुहुने जस्तो पवित्र हुनुहुन्छ, तिमीहरू आफैं पनि जीवनमा सबै रहनसहनमा पवित्र होओ, किनभने यो लेखिएको छ, "तिमीहरू पवित्र होओ, किनभने म पवित्र छु'"* (१पत्रु १:१४-१६) ।

चर्च मानिसहरू हुन्, जसलाई पवित्र हुनलाई बोलाइएको छ ।

'पवित्र' को अर्थ 'अलग्याइएको' हुन्छ । चर्चलाई पापबाट छुट्याइएको र परमेश्वरको निम्ति अलग्याइएको छ । यसको अर्थ, चर्चका सदस्यहरू पापलाई प्रेम गर्ने गर्दथे; उनीहरू मनलागी कुराहरू गर्दथे । तर परमेश्वरले तिनीहरूलाई बचाउनु भयो । त्यसैले अहिले तिनीहरू उहाँको लागि जिउँछन् । तिनीहरू पापको विरुद्ध संघर्ष गर्दछन्, अनन्त थोकहरूको निम्ति जिउँछन्, र परमेश्वर प्रसन्न हुने कुराहरू मात्र गर्दछन् । यो साँचो हो कि ख्रीष्टियानहरू सिद्ध हुँदैनन्, तर उनीहरूले पाप माथिको विजयको आभास गर्दछन् ।

रोकिनुहोस्

यदि चर्च पापबाट छुट्याइएको र परमेश्वरको निम्ति अलग्याइएको छ भने, विश्वासीहरूको दैनिक जीवन कस्तो हुनुपर्छ ? यो कुराले उनीहरूलाई कसरी उनीहरूका वरिपरि भएकाहरूको माझमा पृथक बनाउँछ ? यो कुराले उमङ्गजस्ता मानिसहरूलाई कसरी आशा दिन्छ, जो विनाशकारी व्यवहारको दास बनेका छन् ?

मुख्य पद *"एउटा नयाँ आज्ञा म तिमीहरूलाई दिँदछु: तिमीहरू एक-अर्कालाई प्रेम गर। तिमीहरूसँग मैले जस्तो प्रेम गरेको छु, तिमीहरूले पनि एक-अर्कालाई त्यस्तै प्रेम गर। यदि तिमीहरूले एक-अर्कालाई प्रेम गऱ्यौ भने, यसैबाट सबैले जान्नेछन्, कि तिमीहरू मेरा चेलाहरू हौ" - येशू* (यूह १३:३४-३५)।

चर्च प्रेमद्वारा अङ्कित गरिएका मानिसहरू हो।

उनीहरूले परमेश्वरको आज्ञा पालन गर्दै उहाँलाई प्रेम गर्दछन् (यूह १४:१५), र उहाँले तिनीहरूप्रति गर्नुभएको प्रेमको अनुकरण गर्दै उनीहरूले एकअर्कालाई प्रेम गर्दछन् (१ यूह ४:११)। येशूले चर्चप्रति आफ्नो प्रेमको खातिर अधिक दया देखाउनुभयो, धैर्य हुनुभयो र बलिदान दिनुभयो। उहाँ क्रूसमा मर्नु हुँदा स्वार्थी हुनुहुन्न थियो तर एक दास हुनुहुन्थ्यो जसले अरू धेरै बाँचून् भनेर आफ्नो प्राण त्याग्नुभयो।

रोकिनुहोस्

येशूले मानिसहरूसँग सम्बन्ध गाँस्नु भए जस्तै चर्चले पनि एकअर्कासँग त्यस्तै सम्बन्ध गाँसे भने कस्तो हुन्छ होला? यस संसारमा मानिसहरूलाई व्यवहार गरिने कुरासँग यसको तुलना कसरी गर्न सकिन्छ?

उमङ्ग

जब उमङ्ग चर्चभित्र पस्यो, तब जीवनमा कहिल्यै सङ्गत नगरेका मानिसहरूको बिचमा बसे। उनीहरू सिद्ध मानिसहरू जस्तो त देखिँदैन थिए तर परिवर्तित भएको चाहिँ पक्कै देखिन्थे। यो कुरा उसले त्यतिबेला महसुस गरेन। तर जसै ऊ चर्चसँग बस्यो, त्यसै ऊ ती मानिसहरूसँग बस्यो, जसले उसलाई परमेश्वरलाई यस्तो तरिकाले देखायो, जुन उसको कल्पनाभन्दा बाहिर थियो।

चर्चको अवधारणा अमूर्त जस्तो देखिएकोले हामीलाई बुझ्न सजिलो बनाउन चर्चको लागि बाइबलले केही चित्रणहरू प्रयोग गर्दछ। नियालेर हेर्ने क्रममा हामीले यो देख्नेछौं कि परमेश्वरको चर्च एउटा शरीर, एउटा घर, एउटा परिवार अनि एउटा दुलही हो।

चित्रण

शरीरले काम गर्ने तरिका धेरै नै अद्भूत छ । के तपाईंले यसको बारेमा कहिल्यै सोच्नुभएको छ ? यही समय तपाईंका आँखाहरूले यी शब्दहरू देखिरहेका छन् जब तपाईंको हातले यो पुस्तकलाई समातिरहेको छ । तपाईंका कानहरूले आवाज सुनिरहेका छन् अनि तपाईंको खुट्टाहरू आवश्यक परेको खण्डमा जतै पनि जान तयार छन् । तपाईंको इच्छालाई पूरा गर्नका लागि मद्दत गर्नलाई तपाईंको शरीरका अङ्गहरू एक साथ काम गर्दछन् । यो कुरा कति अद्भूत छ, होइन त ?

चर्चलाई पनि यही तरिकाले बयान गर्नुपर्दछ ।

मुख्य पद *'किनकि जस्तो शरीर एक छ, र त्यसका धेरै अङ्गहरू हुन्छन्, र शरीरका सम्पूर्ण अङ्गहरू धेरै भए तापनि शरीरचाहिँ एउटै हुन्छ, ख्रीष्ट पनि त्यस्तै हुनुहुन्छ' (१ कोर १२:१२) ।*

चर्च एउटा शरीर जस्तै हो भनी परमेश्वर भन्नुहुन्छ ।

एक स्वस्थ भौतिक शरीरमा काम गर्ने पृथक् अङ्गहरू जस्तै हो चर्च पनि । हरेक व्यक्ति सम्पूर्णताको अंश हो, र हरेक भाग उत्तिकै महत्वपूर्ण छ । परमेश्वरले चर्चलाई एकतामा रहेर यस संसारमा आफ्नो उद्देश्यहरू पूरा गर्नलाई बनाउनुभएको छ (एफि ४:१६) । वास्तवमा भन्ने हो भने, चर्च यस संसारमा परमेश्वरको हातहरू, खुट्टाहरू, आँखाहरू र मुख हो, जसले उहाँको वास्तविक रूपलाई हेर्नै पर्छ ।

रोकिनुहोस्

परमेश्वरले हामीलाई उहाँको योजनाहरू पुरा गर्नका लागि सृष्टि गर्नुभएको कुरा साँचो हो भने यसले जीवनको उद्देश्यलाई हेर्ने हाम्रो दृष्टिकोणलाई कसरी परिवर्तन गर्दछ ? चर्चहरू सँगै मिलेर काम गर्नुपर्ने कुरालाई यसले कसरी परिवर्तन गर्दछ ?

चित्रण

पारिवारिक भेटघाट पनि अचम्मको हुन्छ । नातेदारहरू एकअर्कालाई भेट गर्न, भोजन गर्न र एकअर्काको हालचाल बुझ्नलाई भेला हुन्छन् । यस्तो भेटघाटमा तपाईंले ती व्यक्तिहरूलाई भेट्नुहुन्छ जोसँग तपाईं बढी परिचित हुनुहुन्छ, ती व्यक्तिहरूलाई पनि जसको नामै तपाईंले बिर्सी सक्नुभएको छ र ती व्यक्तिहरूलाई पनि भेट्नुहुन्छ, जसलाई तपाईं प्रेम गर्नुहुन्छ तर एकअर्कासँग कुरा मिल्दैन । चर्च पनि एउटा सानो पारिवारिक भेटघाट नै हो । जब हामी चर्चको रूपमा भेला हुन्छौं तब हामी एक-अर्कासँग रगतको नाताद्वारा नभई येशू ख्रीष्टद्वारा सम्बन्धित छौं अनि परमेश्वरको आत्माद्वारा एकीकृत गराइएका हामी क्षमा पाएकाहरू एक परिवार हौं ।

जुनसुकै परिवारमा जस्तो चर्चमा पनि कठिन सम्बन्धहरू हुन सक्छन् तर एकअर्कालाई प्रेम गर्न सिक्नलाई सहायता गर्नको लागि परमेश्वरले हामीलाई अनुग्रह दिनुहुन्छ ।

मुख्य पद *'म तिमीहरूका पिता हुनेछु, र तिमीहरू मेरा छोरा-छोरीहरू हुनेछौ, सर्वशक्तिमान् परमप्रभु भन्नुहुन्छ'* (२ कोर ६:१८) ।

जब हामी आफ्ना पापदेखि पश्चात्ताप र येशूमा विश्वास गर्छौं, तब हाम्रो हरेक सम्बन्ध परिवर्तन हुन्छ । परमेश्वर हाम्रो बुबा हुनुहुन्छ । येशू हाम्रो जेठा दाइ बन्नुहुन्छ (हिब्रू २:११-१३) । अरू ख्रीष्टियानहरू हाम्रो दाजुभाइ र दिदीबहिनीहरू हुन्छन् । हाम्रो चर्च परिवारमा समस्याहरू भए तापनि हाम्रो जीवन एकअर्काप्रतिको प्रेमले अङ्कित हुन्छ (हिब्रू १३:१) ।

उमङ्ग

उमङ्गको परिवार भताभुङ्ग थियो भन्दा फरक पर्दैन । तर जब ऊ चर्चमा बसिरहेको थियो ऊ अलि पृथक् परिवारसँग बसिरहेको थियो । यो कुरा निश्चय नै थियो कि उनीहरूले पापसँग संघर्ष गरिरहेको कारण उनीहरूको सम्बन्ध पनि चुनौतीपूर्ण थियो, तर येशूले यो परिवारलाई सँगसँगै प्रेममा हुर्काउँदै हुनुहुन्थ्यो । यी अपरिचित व्यक्तिहरूसँग उमङ्ग शंकालु हुनु स्वाभाविक नै थियो,

तर उसले चर्चमा नै त्यो परिवार भेट्थ्यो, जसलाई प्रेमले एकताको सूत्रमा बाँध्थ्यो ।

रोकिनुहोस्

येशूमा मेरो पनि नयाँ परिवार छ भन्ने कुरा थाहा पाउँदा तपाईंलाई कस्तो लाग्छ ? परमेश्वर तपाईंको बुबा हुनुहुन्छ भन्ने कुरा सुन्दा त्यसले तपाईंमा कस्तो भावनाहरू जगाउँछ ? परमेश्वरले चर्चमा भएका सदस्यहरू तपाईंको दाजुभाइ वा दिदीबहिनीहरू हुन् भनी भन्नुहुँदा यस कुराले उनीहरूप्रति गर्ने तपाईंको व्यवहारलाई कसरी प्रभाव पार्छ ?

चित्रण

मेरो घर एउटा सानो गल्लीमा छ। घरमा चोर पस्न नसकोस् साथै हाम्रो कुकुर छाडा छोडिएका कुकुरहरूसँग हेलमेल गर्न नपुगोस् भनी घरको वरिपरि पर्खाल लगाइएको छ । मेरो घर के कुराको कारण मिठासले भरिएको छ ? मसँगै बस्ने मेरो श्रीमती र छोराछोरीहरूको कारणले गर्दा हो । उनीहरूको उपस्थितिले नै मेरो घरलाई मिठास बनाइरहेको छ ।

धर्मशास्त्रमा परमेश्वरले हामीलाई यो भन्नुहुन्छ कि येशूमा विश्वास गर्नेहरू भित्र उहाँको आत्माले वास गर्नुहुन्छ। यसको मतलब परमेश्वरको लागि उहाँका मानिसहरू अति प्रिय छन् किनकि उहाँले नै उनीहरूमा वास बस्ने निर्णय लिनुभएको छ ।

मुख्य पद *'तिमीहरू पनि येशू ख्रीष्टद्वारा परमेश्वरको दृष्टिमा ग्रहणयोग्य आत्मिक बलिदान चढाउने पवित्र पूजाहारीगिरीको निम्ति जीवित पत्थरहरूझैं आत्मिक घर बन्दैजाऔं'* (१ पत्र २:५) ।

मुख्य पद *'के तिमीहरूलाई थाहा छैन, तिमीहरू परमेश्वरका मन्दिर हौ, र परमेश्वरका पवित्र आत्मा तिमीहरूमा वास गर्नुहुन्छ ? कसैले परमेश्वरको मन्दिरलाई नष्ट गर्छ भने परमेश्वरले त्यसलाई नष्ट गर्नुहुनेछ । किनकि परमेश्वरको मन्दिर पवित्र हुन्छ, र त्यो मन्दिर तिमीहरू नै हौ'* (१ कोर ३:१६-१७) ।

येशू आउनुभन्दा अघि परमेश्वरले घरमा वास गर्न चाहनुभयो जसलाई मन्दिर भनिन्छ । उहाँ त्यो ठाउँमा मात्र सीमित हुनुहुन्नथियो (किनकि परमेश्वर सर्वव्यापी हुनुहुन्छ), तर वास्तविक तवरमा भन्ने हो भने उहाँले आफैंलाई नम्र तुल्याएर ढुङ्गाले बनेको मन्दिरमा बस्नुभयो ।

उहाँका मानिसहरू उहाँको नजिक होऊन् र उहाँको उपस्थितिको आनन्द लिउन भन्ने हेतुले नै उहाँले यसो गर्नुभयो ।

तर जब येशू आउनुभयो, तब सबै कुरा परिवर्तन भयो ।

अब परमेश्वर हामीमा *वास* गर्नुहुन्छ (यूह १:१४) ।

येशू मृत्युबाट पुनरुत्थान हुनु भएपछि, पिता परमेश्वरले आफ्नो आत्मालाई आफ्ना मानिसहरू माझ बस्नलाई पठाउनुभयो । यो भन्नुको अर्थ, चर्च एउटा भौतिक भवन मात्रै होइन तर परमेश्वरको आत्मा वास गर्नुहुने मानिसहरूको समूह हो (एफि २:१९-२२) ।

रोकिनुहोस्

आफ्ना मानिसहरूमा वास बस्ने परमेश्वरको निर्णयले उहाँको बारेमा के बताउँछ ? यो कुराले उहाँलाई व्यक्तिगत परमेश्वरको रूपमा लिने हाम्रो सोचलाई कसरी प्रभाव पार्छ ?

चित्रण

प्राय: हरेक संस्कृतिमा दुलहीलाई बढी सजाइन्छ । विवाहको दिनमा उनले सुन्दर पहिरन लगाउँछिन् र आफ्नो पतिको लागि तयार बनाइन्छिन् । पतिको हृदय आशा र प्रेमले भरिएको हुन्छ । विवाहपछि दुलहीलाई आदर र प्रेम साथ व्यवहार गरिनुपर्दछ । त्यही बखत उनले पनि आफ्नो पतिलाई विश्वासयोग्य भएर प्रेम गर्छिन् ।

धेरै विवाहहरू दर्दनाक र परमेश्वरको उद्देश्य विपरीतको अवस्थामा छन् । तरै पनि परमेश्वरले दिनुभएको विवाहको उपहारमा उच्च सुन्दरता छ । एउटा पतिले आफ्नो पत्नीलाई गरेको प्रेमले परमेश्वरले आफ्ना मानिसहरूलाई गर्नुहुने प्रेमको झझल्को दिन्छ । विवाहमा जस्तै परमेश्वरले आफ्ना मानिसहरूलाई आफू साथै लानुहुन्छ,

उनीहरूसँग करार बाँध्नु हुन्छ, र उनीहरूको बाँकी जीवनभरि नै प्रेम गर्ने प्रतिज्ञा गर्नुहुन्छ ।

मुख्य पद *'यसकारण मानिसले आफ्ना आमा-बुबालाई छोडेर आफ्नी पत्नीसँग मिलिरहन्छ, र ती दुवै एउटै शरीर हुनेछन् । यो एउटा गम्भीर रहस्य हो, अनि यो कुरा म ख्रीष्ट र मण्डलीको सम्बन्धमा बोल्दछु'* (एफि ५:३१-३२) ।

मुख्य पद *'तब ती सात अन्तिम विपत्तिले भरिएका सात कचौरा हुने सात स्वर्गदूतहरूमध्ये एकजना आएर मलाई यसो भने, "आऊ, म तिमीलाई थुमाकी पत्नी, उहाँकी दुलही देखाउनेछु"'* (प्रका २१:९) ।

हामी हाम्रा पापहरूको कारण परमेश्वर प्रति बफादार नभए तापनि उहाँले हामीलाई क्षमा र येशूको प्रिय दुलही हुन दिनुभएको छ । येशू एक बफादार पति हुनुहुन्छ, जसले चर्चलाई कोमल र कृपापूर्ण वास्ताद्वारा प्रेम गर्नुहुन्छ । यही कुराले चर्चलाई विश्वासयोग्यता र पवित्रतामा उहाँलाई प्रेम गर्न उत्प्रेरणा दिनुपर्छ, (२ कोर ११:२) । उहाँलाई आमनेसामने भेट्ने चाह उत्पन्न गर्नुपर्दछ, जसको कारण हामी पनि परमेश्वरको अरू मानिसहरूसँग भन्दछौं, *'आउनुहोस्, प्रभु येशू !'* (प्रका २२:२०) ।

चर्च संसारमा भएको अरू थोक जस्तो होइन । यसको बारेमा हामीलाई बुझ्न सजिलो होस् भनी परमेश्वरले धेरै चित्रणहरूको प्रयोग गर्नुहुन्छ । उहाँको चाहना यही हो कि हामीले यो अद्भूत वास्तविकतालाई बुझ्न सकौं:

चर्च परमेश्वरद्वारा प्रेम गरिएका मानिसहरू हो ।

परमेश्वरले आफ्ना मानिसहरूसँग यस्तो सम्बन्ध राख्न चाहनुहुन्छ जुन हाम्रो कल्पनाभन्दा बाहिर छ र त्यो सम्बन्धलाई बयान गर्न उहाँले सबैभन्दा आत्मीय थोकहरूलाई रूपक स्वरूप प्रयोग गर्नुहुन्छ ।

रोकिनुहोस्

हामीले चर्चलाई स्थानको रूपमा भन्दा मानिसहरूको समुहको रूपमा हेर्न तपाईको विचारमा किन महत्वपूर्ण छ ? चर्च येशूको दुलही हो भन्ने चित्रणले तपाईलाई कसरी प्रोत्साहन गर्दछ ? तपाईको विचारमा के के कारणहरूको कारण परमेश्वरले तपाईलाई प्रेम नगर्नु पर्ने जस्तो लाग्छ ? तर पनि उहाँले प्रेम गर्नुहुन्छ, यो तथ्यले तपाईंलाई कसरी उत्साह दिन्छ ? यदि चर्च परमेश्वरलाई पछ्याउन चाहने टुटेफुटेका मानिसहरूको जमात हो भने के तपाईं त्यसको हिस्सा बन्न चाहनुहुन्छ ?

उमङ्ग

चर्चको सेवा सकिएपछि एक विवाहित जोडी आएर उमङ्गसँग बोल्न थाले । उनीहरूले आफैंलाई प्रकाश र प्रतिज्ञा भनी परिचय दिए । त्यसपछि ऊ कहाँबाट आएको हो, चर्चको सङ्गति कस्तो लाग्यो भनी सोध्न थाले । केही समय बातचित भएपछि उनीहरूले उमङ्गलाई खाना खान बोलाए । सुरुमा हिचकिचाए तापनि ऊ राजी भयो र धन्यवाद दिँदै उनीहरूसँग सहभागी हुने इच्छा गर्यो । साथै उसको मनमा प्रश्नहरू उब्जिरहेको थियो ।

कण्ठस्थ पद

'के तिमीहरूलाई थाहा छैन, तिमीहरू परमेश्वरका मन्दिर हौ, र परमेश्वरका पवित्र आत्मा तिमीहरूमा वास गर्नुहुन्छ' (१ कोर ३:१६) ।

सारांश

चर्च कुनै भौतिक भवन नभएर मानिसहरूको समूह हो । जब खीष्टियानहरू चर्चको रूपमा भेला हुन्छन् तब येशू उनीहरूको लागि मर्नुभयो, बौरी उठ्नुभयो अनि उनीहरूलाई सदाको निम्ति उहाँसँग राख्नका लागि लिनलाई एक दिन आउनुहुनेछ भन्ने कुरालाई स्मरण गर्दै उनीहरू प्रार्थना गर्दछन्, भजन गाउँछन् र परमेश्वरको वचन सुन्छन् ।

भन्न खोजेको के हो ?

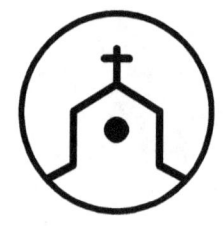

हामी परमेश्वर र अरूहरूसँग वृद्धि हुन चर्च जान्छौँ ।

पाठ २.
म किन चर्च जानुपर्छ ?

उमङ्ग

प्रकाश र प्रतिज्ञा दाजु भाउजूले मिलेर खाना पस्किएको उमङ्गले देख्यो । उनीहरू खाना खाँदै गफगाफ पनि गर्न थाले । निक्कै रमाइलो गफ भयो । उमङ्ग सधैँ भन्दा धेरै हाँसिरहेको थियो । दाजु भाउजूले सोध्नुभएका प्रश्नहरू उचित र वास्ताले भरिएको थियो ।

कुरैकुरामा उमङ्गले सोध्यो कि उहाँहरू हरेक शनिबार चर्च जानुहुन्छ ? प्रकाशले मुस्कुराउँदै यो बतायो कि उनीहरू बिरामी नभएसम्म वा कुनै अतिआवश्यक काम नपरेसम्म चर्च छुटाउँदैनन् । वास्तवमा उनीहरू खीष्टियान भएपछि कहिल्यै पनि शनिबार चर्च जान छुटाएका छैनन् ।

उमङ्गले भन्यो, "त्यो ठीकै हो तर के हरेक शनिबार *चर्च जानै पर्छ ?*" प्रतिउत्तरमा उनीहरूले भने: परमेश्वरले एकअर्कासँग भेला हुने आज्ञा दिनुभएको छ । उहाँले आज्ञा नदिनु भए तापनि उनीहरूले त्यसै गर्नुपर्दछ । उमङ्गलाई यो कुरा अचम्म लागेपनि जायज भएको ठहर गर्‍यो । उसले यसको बारेमा अझ बताउनु हुन्छ भनी सोध्दा उनीहरूले त्यो कुरा खुसीसाथ स्वीकार गरे ।

रोकिनुहोस्

के तपाईंले यो कहिल्यै सोच्नुभएको छ कि साँच्चै परमेश्वरले तपाईंलाई चर्च गएको चाहनुहुन्छ ? यदि चाहनुहुन्छ भने किन ? खीष्टियानहरू चर्च जानुपर्दछ भन्ने विषयसम्बन्धी तपाईंको के के प्रश्नहरू छन् ?

यो खण्ड पढ्ने क्रममा तपाईंलाई मन परेका विचारहरू लेख्नुहोस् र त्यसको बारेमा आफ्नो अर्को खीष्टियान साथीसँग छलफल गर्नुहोस् ।

बाइबलले हामीलाई यो बताउँछ कि येशूलाई हप्ताको पहिलो दिन बौरी उठाइएको थियो (मत्ती २८:१; मर्क १६:२; लूक २४:१; यूह २०:१) । यही कारणले विश्वभरका ख्रीष्टियानहरू आइतबार येशूको पुनरुत्थानलाई उत्सव मनाउनलाई अर्थात् आराधना गर्नलाई भेला हुन्छन् । (नेपालमा चाहिँ शनिबार सार्वजानिक बिदा भएकोले गर्दा चर्च सेवा शनिबार हुने गर्दछ ।) परमेश्वरले तिनीहरूको जीवन रूपान्तरण गर्नुभएका कारण उनीहरू शान्ति र सतावट दुवै समयमा भेला हुन्छन् ।

जसै चर्चहरू भेला हुन्छन्, उनीहरूले परमेश्वरको प्रेमलाई प्रदर्शन गर्दछन् ।

तल उल्लेख गरिएको दृश्य पहिलो चर्चको जीवनको एउटा अंश हो । ती विश्वासीहरूको पापले येशूलाई क्रूसमा पुऱ्यायो तर उहाँले प्रदान गर्नुभएको उद्धारले तिनीहरूको जीवन रूपान्तरित भयो (प्रे २:२२-४१) । यो खण्ड पढ्ने क्रममा येशूसँग भएको उनीहरूको नयाँ सम्बन्धको कारण चर्चले के के गऱ्यो ति कुराहरूलाई मध्यनजर गर्नुहोस् ।

मुख्य पद *'तिनीहरू प्रेरिताहरूका शिक्षा, सङ्गति र रोटी भाँच्न र प्रार्थनामा भक्तिसाथ लागिरहन्थे । हरेकको हृदयमा भय उत्पन्न भयो, र प्रेरितहरूद्वारा धेरै अचम्मका काम र चिन्हहरू भए । विश्वास गर्नेहरू जति सबै एकसाथ बस्थे, र तिनीहरूका सबै थोक साझा थिए । तिनीहरूले आफ्ना सम्पत्ति र मालसामान बेचिकन जस-जसलाई जे-जे कुराको खाँचो पर्थ्यो सबैलाई ती बाँडिदिन्थे । तिनीहरू एकै मनका भई मन्दिरमा एकसाथ उपस्थित हुन्थे, र घर-घरमा रोटी भाँच्थे, र तिनीहरू खुशी र शुद्ध हृदयले मिलीजुली खान्थे, र परमेश्वरको प्रशंसा गर्दै, र सबै मानिसहरूबाट शुभेच्छा पाउँदै बस्थे । उद्धार पाउनेहरूलाई प्रभुले दिनदिनै तिनीहरूको संख्यामा थपिदिनुहुन्थ्यो'* - डा. लूका (प्रे २:४२-४७) ।

रोकिनुहोस्

यो पहिलो चर्चको चिन्ह के थियो ? उनीहरूले के गर्दै समय बिताउँथे ? उनीहरूले कसरी एकअर्काको वास्ता गरे ?

तपाईंले यो कुराको महसुस गरिसक्नु भयो भनी म आशा गर्दछु कि पहिलो चर्च कुनै एक आत्मिक सामाजिक क्लब थिएन । येशूलाई क्रूसमा टाँग्ने ती व्यक्तिहरू रूपान्तरित भएर खीष्टको आराधना गर्ने समूह भएका थिए । परमेश्वरले उनीहरूलाई नयाँ जीवन दिनुभएको थियो, जसले उनीहरूको सबै कुरालाई परिवर्तन गरिदियो ।

यो पाठमा हामीले परमेश्वरले आफ्ना मानिसहरूलाई हप्तै पिच्छे भेला हुनका लागि आह्वान गर्नुहुने *पाँच कारणहरूलाई* मनन गर्नेछौँ ।

१. परमेश्वरका मानिसहरू उहाँलाई आराधना गर्नका लागि भेला हुन्छन्

चर्च ती मानिसहरूद्वारा बनिएको छ, जसको जीवन जीवित परमेश्वरद्वारा बाइबलमा उल्लेख गरिएको उहाँको अभिप्रेरित वचनबाट रूपान्तरित भएको छ । प्रेरित २ मा भर्खरै बप्तिस्मा लिएका विश्वासीहरू (२:३८) ले आफैंलाई निम्न कुरामा समर्पण गरेः प्रार्थना गर्नमा, प्रेरितहरूको शिक्षामा, र प्रभु-भोजमा (२:४२)

उनीहरू परमेश्वरको शक्तिको कारण भयभीत थिए (२:४३) र उहाँलाई आनन्दित अनि श्रद्धा पूर्ण हृदयहरूबाट प्रशंसा गरे (२:४६-४७)

एक स्वस्थ चर्चको भेलाहरू यी तत्वहरूले नै बनिएका हुन्छन् ।

खीष्टियानहरू यही हेतुले शनिबार परमेश्वरको वचन सुन्नुलाई भेला हुन्छन् कि उनीहरू येशू प्रति अझ आज्ञाकारी होऊन् र अरूलाई प्रेम गरुन् । उनीहरूले आफ्ना पापहरू स्वीकार गर्दै, परमेश्वरले गर्नुभएको कुराहरूको निम्ति धन्यवाद दिँदै, र उहाँलाई अझ कृपापूर्ण कामहरू गरिदिनुहोस् भनी अर्जी बिसाउँदै प्रार्थना गर्दछन् ।

उनीहरूले प्रायः भजनहरू गाएर वा गवाही बाँडेर परमेश्वरको प्रशंसा गर्दछन् । साथै उनीहरू प्रभु-भोजमा एकसाथ

सहभागी भएर उनीहरूको तर्फबाट येशूले दिनुभएको बलिदानको पनि स्मरण गर्दछन् ।

परमेश्वरको निम्ति भजनहरू गाउन धेरै नयाँ विश्वासीहरूको लागि नौलो अभ्यास लाग्न सक्छ । यदि यो वर्गमा तपाईं पनि पर्नुहुन्छ भने चर्चको जीवनमा भजन गाउने कुराले कसरी काम गर्छ भनी थाहा पाउनु उचित हुन्छ ।

प्रेरित पावलले एफिसीको चर्चलाई, *'एउटाले अर्कासँग भजन, गीत र आत्मिक गानमा बोल्दै र आफ्नो सम्पूर्ण हृदयले प्रभुको निम्ति गाउँदै र धुन निकाल्दै' आराधना गर्न आह्वान गरे* (एफि ५:१९) ।

> भजन गानले *प्रार्थना* को काम गर्दछ, जहाँ हामीले परमेश्वर जो हुनुहुन्छ र उहाँले जे गर्नुभएको छ, त्यसको लागि प्रशंसा गर्दै उहाँको निम्ति आफ्ना आवाजहरू उचाल्छौं ।
>
> भजन गानले *वचन प्रचार* को पनि काम गर्दछ, जहाँ हामीले परमेश्वरको बारेमा भएका शब्दहरूलाई एकअर्कासँग बाँड्छौं ।
>
> अन्त्यमा, भजन गानले *व्यक्तिगत गवाही* को पनि काम गर्दछ, जहाँ हामीले आफ्नो हृदयबाट परमेश्वरको बारेमा गरेको विश्वासलाई व्यक्त गर्दछौं ।

जब परमेश्वरका मानिसहरू विश्वासमा एक भएर उनीहरूका निम्ति येशू ख्रीष्टद्वारा उहाँले गर्नुभएको कामको लागि उहाँलाई आराधना गर्न भेला हुन्छन् तब परमेश्वर अत्यन्तै आनन्दित हुनुहुन्छ (भज १४९:४) ।

२. परमेश्वरका मानिसहरू उहाँको वचन सुन्नुलाई भेला हुन्छन्

परमेश्वरको वचनले हामीलाई उहाँको आराधना कसरी गर्ने भनी सिकाउँछ । प्रेरित २:४२ मा हामीले यो देख्यौं कि *'तिनीहरूले आफैंलाई प्रेरितहरूको शिक्षामा समर्पण गरे ।'* जब आत्माले ती मानिसहरूलाई नयाँ जन्म दिन परमेश्वरको वचन प्रयोग गर्नुभयो तब तिनीहरूले उहाँको वचनको शक्तिलाई महसुस गरे । तिनीहरू नयाँ गरि जन्मिएका थिए र परमेश्वरको वचनले तिनीहरूको आत्मिक भोक मेटाइदियो ।

प्रेरितहरूले येशूलाई व्यक्तिगत रूपमा चिन्थे र येशूलाई पछ्याउनु भनेको के हो भनी मानिसहरूलाई सिकाउनका निम्ति

उनीहरूलाई पठाइएको थियो । आज हामीसँग प्रेरितहरू नभए तापनि पवित्र आत्माद्वारा अभिप्रेरित भएको उनीहरूको शिक्षाहरू हामीसँगै छन्, जुन बाइबलमा संरक्षित गरिएको छ ।

बाइबल पढेको सुन्नु (१ तिमो ४:१३) र त्यो वचनको अर्थ साथै जीवनमा कसरी लागू गरिनुपर्दछ भनी पास्टरले गरेको व्याख्या सुन्नु (रोम १२:४-८) हामी चर्च जानुपर्दछ । सुरुवाती चर्च यो जीवनरूपी शिक्षा ग्रहण गर्नलाई प्रतिबद्ध थियो । उनीहरू वचनका मानिसहरू थिए, र हामीले पनि उनीहरूको पाइला पछ्याउनु पर्दछ ।

चित्रण

मेरो साथी जोनले लागु औषध बेच्ने गर्थ्यो तर परमेश्वरले यूहन्ना ३ बाट प्रचार गरिएको वचनलाई प्रयोग गरेर उसलाई बचाउनु भयो । खीष्टियान हुनु पहिले जोनले कहिल्यै बाइबल पढेको थिएन तर खीष्टियान भएको पहिलो दुई वर्षमा उसले बाइबल पूरै पाँच पटक पढ्यो ।

पहिले लागु औषध बेच्ने व्यक्ति किन बाइबलप्रति समर्पित भयो ? किनकि बाइबल अरू किताबहरू जस्तै होइन भन्ने उनलाई थाहा भयो । यसमा स्वयम् परमेश्वरको वचनहरू समावेश गरिएका छन् ।

प्रेरित २ को चर्चमा यो कुरा भएको थियो: नयाँ विश्वासीहरू तिनीहरूका पापहरूदेखि बचाइएका थिए र परमेश्वरको बारेमा अझ सिक्न खोजीरहेका थिए । हामीले पनि यही कुरा गर्नुपर्दछ ।

परमेश्वरबाट सुन्न हामीलाई खाँचो छ भन्ने कुराको प्रतिविम्ब हाम्रो भेलाले गर्दछ ।

उहाँको मानिसहरू भएको कारण हामीसँगै मिलेर परमेश्वरको वचन पढ्छौं, परमेश्वरको वचनलाई प्रार्थना गर्छौं र गाउँछौ र परमेश्वरको वचन प्रचार पनि गर्छौं ।

उमङ्ग

यो बिन्दुमा आइपुगेर उमङ्गले कुराकानी गर्न छोडेर आफैंलाई नियाल्दै यी प्रश्नहरू गऱ्योः *'मलाई थाहा छ कि मैले परमेश्वरको वचन सुन्नु पर्दछ, तर यदि मैले सुनिन भने के त ? के म अझैपनि चर्च जानु पर्छ र ?'*

यी उचित प्रश्नहरू हुन् । त्यसको बारेमा तपाईंले उमङ्गलाई के भन्नुहुन्छ ?

प्रकाश र प्रतिज्ञाले यसरी बयान गरे कि जब मनमा त्यस्ता शङ्काहरू आउन थाल्छन् तब त्यसको सबैभन्दा उत्तम कुरा भनेको मन लागि नलागी पनि परमेश्वरको वचन नै पढ्नु र सुन्नु हो । यो कुरालाई म अझ बयान गर्न चाहन्छु ।

चित्रण

जब हामीलाई भोक लाग्छ तब हाम्रो पेट कराउन थाल्छ, हाम्रो शरीर काम्न थाल्छ, र हामी मध्ये कोही रिसाउँछौं पनि । तर त्यसपछि हामी खान्छौं अनि हाम्रो भोक पनि सन्तुष्ट हुन्छ । हाम्रो शरीरले मागेको कुरा पूरा हुन्छ र हामी भरिन्छौं ।

आत्मिक भोक शारीरिक भोकको ठ्याक्कै विपरित काम गर्दछ ।

जब हामीले प्रार्थना र परमेश्वरको वचन ग्रहणद्वारा आत्मिक भोजन लिन्छौं यसले हाम्रो भोक मेटिनुको सट्टा झन् बढाइदिन्छ । त्यसैले जब हामीलाई बाइबल पढ्न मन पर्दैन तब हामीले परमेश्वरलाई सहायताको लागि बिन्ती गर्नुपर्छ र बाइबल खोल्नुपर्छ । र जसै हामी परमेश्वरको नजिक जान्छौं त्यसै उहाँले हामीलाई नजिक खिँच्नुहुनेछ भनी विश्वास गर्दै बाइबल पढ्नुपर्छ ।

हामीलाई मन परेको र मन नपरेको दुवै समयमा परमेश्वरको वचनबाट सिक्नका लागि चर्च आउनुपर्दछ, यही विश्वास गर्दै कि उहाँको वचनले हामीलाई जीवन दिन्छ ।

३. परमेश्वरका मानिसहरू एकअर्कालाई प्रेम र सेवा गर्न भेला हुन्छन्

मुख्य पद: *"एउटा नयाँ आज्ञा म तिमीहरूलाई दिँदछु: तिमीहरू एक-अर्कालाई प्रेम गर । तिमीहरूसँग मैले जस्तो प्रेम गरेको छु, तिमीहरूले पनि एक-अर्कालाई त्यस्तै प्रेम गर । यदि तिमीहरूले एक-अर्कालाई प्रेम गऱ्यौ भने, यसैबाट सबैले जान्नेछन् कि तिमीहरू मलाई पछ्याउनेछौ"* (यूह १३:३४-३५) ।

येशूसँगको सम्बन्धले हाम्रो जीवनको हरेक पक्षलाई रूपान्तरण गर्दछ, मुख्यगरी अरू मानिसहरू प्रतिको हाम्रो सोचाइ । परमेश्वरले हामीलाई आफ्नो स्वार्थको लागि मानिसहरूलाई प्रयोग गर्ने आचरणबाट बचाउनुहुन्छ र उनीहरूलाई प्रेम र सेवा गर्न हामीलाई शक्ति प्रदान गर्नुहुन्छ । त्यसैले जब हामी चर्चको रूपमा भेला हुन्छौं तब यस्तो प्रकारको सम्बन्ध विकास गर्छौं जहाँ परमेश्वरको प्रेम प्रष्टसँग देखिन्छ (१ यूह ४:९-१२) ।

प्रेरित २ को चर्च दासरूपी हृदय भएको प्रेमले भरिएको छ । तिनीहरूको प्रेम झूटो थिएन । जब उनीहरू भेला भए, परमेश्वरले एकअर्कालाई कसरी प्रेम गर्नुपर्छ भनी सिकाउनुभयो । उनीहरूले एकसाथ भोजन लिए, एकसाथ हाँसे, रोए, उत्सव मनाए र तिनीहरूमा भएको परमेश्वरको कामको गवाही दिए । यी कुराहरू गर्ने क्रममा उनीहरूले एकअर्काको आवश्यकताहरूको थाहा गरी ती आवश्यकताहरू पूरा गर्न भरपुर प्रयास पनि गरे ।

प्रेरित २:४४-४६ मा हामीले मानिसहरूको समुदाय पाउँछौं जसले एकअर्कालाई व्यावहारिक र बलिदानीपूर्ण प्रेम गर्थे । यदि कसैलाई केही कुराको खाँचो पर्यो भने उनीहरू धेरै बेरसम्म त्यो खाँचोमा रहँदैन थिए किनकि उनीहरू एकढिक्का, अर्थात् परिवार भएर बसेका थिए । अर्को शब्दमा, उनीहरू चर्च थिए । यस्तो प्रकारको व्यावहारिक र बलिदानीपूर्ण प्रेम नै साँचो गरी जन्मिएको र हरेक स्वस्थ चर्चको प्रमुख चिन्ह हो ।

चित्रण

एफिसी ४:२८ मा पावलले चर्चलाई यसो भन्छन् कि, '*चोर्नेले अब उसो नचोरोस् । बरु उसले परिश्रम गरोस् । उसले आफ्नो हातले ईमानदारीसाथ परिश्रम गरोस्, र खाँचोमा परेकाहरूलाई दिन सकोस् ।*'

जब चोर बचाइन्छ उसले चोर्न छोड्छ । तर उसले चोर्न मात्र छोड्दैन, एउटा अर्को काम पनि गर्दछ । अब उसले आफ्नै लागि मात्र सम्पत्ति जम्मा गर्न काम गर्दैन, तर आवश्यकतामा परेकाहरूलाई सहायता गर्न पनि काम गर्दछ । यही नै एक वास्तविक रूपान्तरण हो !

खीष्टियानहरू सम्बन्ध विकास गर्न चर्चको रूपमा भेला हुन्छन् । मानिसहरू प्रयोग गर्ने पूर्व पापीहरू रूपान्तरित भएर अरूको सेवा गर्ने सेवक बन्छन् । यो समुदाय त्यो प्रकारको प्रेमले भरिएको हुन्छ जुन प्रकारको प्रेम येशूले हामीलाई गर्नुभएको छ (१ यूह ३:१६-१८) ।

रोकिनुहोस्

चर्च नजाँदा तपाईंले अरू खीष्टियानहरूबाट प्रेम पाउने क्षमतालाई कसरी प्रभाव पार्दछ ?

र चर्च जान लापरबाही गर्नाले अरूलाई प्रेम गर्ने तपाईंको क्षमतालाई कसरी प्रभाव पार्दछ ?

यदि त्यो शनिबार प्रकाश र प्रतिज्ञा चर्च जाने निर्णय नगरेको भए के हुन्थ्यो होला ? निश्चय नै परमेश्वरले उमङ्गलाई अर्को माध्यमबाट वास्ता गर्नुहुन्थ्यो तर उसले उनीहरूको प्रेम पाउने थिएन ।

४. परमेश्वरका मानिसहरू पापसँग एकसाथ संघर्ष गर्न भेला हुन्छन्

मुख्य पद '*भाइ हो, होश गर, तिमीहरूमध्ये कसैमा भएको दुष्ट र अविश्वासी हृदयले तिमीहरूलाई जीवित परमेश्वरबाट टाढा नलैजाओस् । जबसम्म "आजको दिन" भन्ने कुरा छ, तबसम्म एउटाले अर्कालाई अर्ती देओ, र पापको छलछामले तिमीहरू कसैको हृदय कठोर नहोस्*' (हिब्रू ३:१२-१३) ।

हिब्रूको पत्र त्यो समुदायको लागि लेखिएको हो, जसलाई येशूलाई त्यागन र उनीहरूको पुरानै जीवनमा फर्किने धेरै दबाब आइरहेको थियो। तिनीहरूले येशूलाई पछ्याउन धेरै मूल्य चुकाउनु परेको थियो। उनीहरूका साथीभाइहरूले मुन्टो फर्काइसकेका थिए । परिवारका सदस्यहरूले उनीहरूलाई त्यागी सकेका थिए । काम गर्ने ठाउँबाट बर्खास्त भइसकेका थिए । पाप गर्ने परीक्षाहरूले उनीहरूलाई चारै तिरबाट घेरेको थियो ।

परमेश्वरले आफ्ना मानिसहरूको निम्ति चर्चलाई एउटा शरणस्थान बनाउनुभएको छ। विश्वासीहरूको समुदायमा, परमेश्वरले यस्तो प्रकारका सम्बन्धहरू प्रदान गर्नुहुन्छ जसले हामीलाई निरन्तर येशूलाई पछ्याउन मद्दत गर्दछन् । खेदो सतावटको राप र पाप गर्ने परीक्षाले एक विश्वासीलाई निरन्तर आक्रमण भइरहन्छ । तर हरेक विश्वासी विश्वासमा स्वर्गतर्फ लम्किन चर्च एकसाथ भई त्यस्ता कुराहरूको विरुद्धमा संघर्ष गर्छन् ।

चित्रण

म कहिल्यै पनि युद्धमा गएको छुइनँ, तर मेरा साथीहरू गएका छन् । रण मैदानको सबैभन्दा आधारभूत नियम भनेको कोही पनि युद्धमा एक्लै होमिनु हुँदैन । तपाईंलाई उत्साह दिन, पछाडिबाट सुरक्षा दिन र घाइते हुँदा बोक्नका लागि तपाईंलाई अरू सैन्य साथीहरू आवश्यक पर्दछ । त्यस्तैगरी येशूलाई पछ्याउनु पनि एक आत्मिक युद्ध हो, जहाँ हामीले पापको विरुद्ध संघर्ष गर्न हामीलाई अरूको आवश्यकता पर्दछ।

यसैकारणले हिब्रूका लेखकले चर्चलाई एकअर्काको वास्ता गर्न उत्साह दिए । उनीहरू सधैँ सतर्क भएर ढुकी बस्ने अन्धकारका आकर्षणहरूको निगरानी गर्नुपर्थ्यो । समग्रतामा चर्चले त्यहाँ भएको मानिसहरूको वास्ता गर्नुपर्दछ, तर उपस्थित प्रत्येक विश्वासीको पनि उत्तिकै ख्याल राख्नुपर्दछ ।

उनीहरू के को लागि होसियारी हुनुपर्दछ ?

उनीहरूले यो कुराको निश्चय गर्नुपर्छ कि उनीहरूको हृदय परमेश्वर प्रति चिसो नहोस् नत्र त परमेश्वरको मार्गहरूलाई पछ्याउन

छोड्छन् । हाम्रा हृदयहरू अस्थिर छन् र सजिलै छलमा पर्न सक्छन् । त्यसैले हामी एकअर्कालाई उत्साह दिनका लागि बोलाइएका छौं । साथै दैनिक रूपमा एकअर्कालाई पापको झूटसँग संघर्ष गर्नका लागि उत्साह दिने जिम्मेवारी चर्चसँग छ । ख्रीष्टियान हुनुको एउटा पक्ष भनेको तपाईंलाई निरन्तर रूपमा उत्साह मिल्नु र तपाईंले निरन्तर रूपमा अरूलाई येशूलाई पछ्याउन उत्साह दिनु हो ।

हामी अथक भएर एकअर्कालाई उत्साह दिनु पर्दछ किनकि एकछिन नरोकीकन पापले छलको पासो थापीरहन्छ । सुरुमा देखिँदा पाप अहिंस्रक देखिन्छ तर थाहा नपाई घरमा कार्बोन मोनोअक्साइड भरिएर तपाईंलाई हानी गरेजस्तै पापले पनि मन्द गतिमा परमेश्वर प्रति तपाईंको हृदयलाई कठोर पारेर आत्मिक जीवनलाई नास गर्दछ । सुरुमा यो सानो देखिन्छ तर पछि गएर यसले तपाईंलाई स्वाट्टै निलिदिन्छ । तर हाम्रो हृदयलाई परमेश्वर प्रति नरम हुन उहाँले हाम्रा ख्रीष्टियान दाजुभाइको प्रयोग गर्नुहुन्छ, जसले हामीलाई अन्त्यसम्म नै अटल रहने र मुक्ति प्राप्त गर्ने योग्यको बनाउँछ ।

उमङ्ग

चर्च गएको केही दिनसम्म उमङ्गले आफू चर्च जान थालेको कुरा आफन्तजन र साथीहरूलाई सुनायो । यो कुरा सुनेर उत्साह दिनुको साटो धर्म र संस्कृति मास्ने भईस् अनि घरको पित्रीलाई रिस उठाउने भईस्, त्यसो नगर भनी दबाब दिए । चर्च जान छोड्नका लागि उसलाई कर गरियो । तर शुक्रबार बेलुका प्रकाश दाजुको म्यासेज उमङ्गलाई आयो । उहाँले भन्नुभएको थियो कि भोलि चर्चमा हामी सँगै बस्नु पर्छ है । यो कुराले उमङ्गलाई चर्च जान प्रतिबद्ध हुन सहायता पुऱ्यायो ।

रोकिनुहोस्

तपाईंको विचारमा ख्रीष्टियान साथीहरू हुनु कतिको आवश्यकता छ ? येशूलाई पछ्याउन छोड्नका लागि तपाईं कुन तरिकाले परीक्षित हुनुहुन्छ ? अरू ख्रीष्टियानहरूले तपाईंलाई ती परीक्षाहरूबाट उम्कन कसरी मद्दत गर्नुहुन्छ ?

५. येशूलाई नदेखेसम्म परमेश्वरका मानिसहरू एकअर्कालाई निर्माण गर्न भेला हुन्छन्

 मुख्य पद *'हामी एउटाले अर्कालाई प्रेम र असल कामको निम्ति कसरी उत्साहित गराउने त्यस कुरामाथि विचार गरौं । कति जनाको सङ्गतिमा नजाने बानी हुन्छ, तर हामी चाहिँ एकसाथ भेला हुन नछोडौं । तर प्रभुको दिन नजिक आइरहेको तिमीहरूले देखेका हुनाले एउटाले अर्कालाई झन् प्रोत्साहन देओ'* (हिब्रू १०:२४-२५) ।

धेरै मानिसहरू चर्चमा आउँदा बजार भर्न गए जस्तै वा खाना खान होटलमा गए जस्तै गरि आउँछन् । उनीहरू उपभोगकर्ता बनेर र आफ्ना चाहनाहरू पूरा हुने अपेक्षा सहित आउँछन् । केही हदसम्म आफूले भनेजस्तो चर्चमा हुनु र चर्च सेवाबाट लाभान्वित हुनु ठीकै हो तर चर्चमा भेला हुने कुराको लागि परमेश्वरसँग उच्च उद्देश्य छ । अरूलाई परमेश्वर प्रतिको उनीहरूको प्रेम र सेवामा बढ्नलाई मद्दत गर्नका लागि हामी चर्चमा भेला हुनुपर्दछ ।

यी पदहरूमा हामी निरन्तर रूपमा लागू गर्नुपर्ने केही आज्ञाहरू पाउँछौं । यसले मानसिकताको रूपरेखा कोर्दछ, जसले भेला हुँदा र छरिँदा चर्चले के सोच्नु पर्दछ भनी ढाँचा प्रदान गर्दछ ।

परमेश्वरले हामी ख्रीष्टियानहरूलाई यसो भन्नुहुन्छ कि हामीले एकअर्कालाई आदर गर्नु पर्दछ, एकअर्काको हेरचाह गर्नु पर्दछ, एकअर्काको बारेमा सोच्नु पर्दछ, अनि एकअर्कालाई बुझ्ने प्रयास गर्नु पर्दछ ।

यी सबै काम गर्ने क्रममा प्रेम र असल कामहरू गर्नलाई हामीले एकअर्कालाई झक्झक्याउनु पर्दछ ।

यहाँ झक्झक्याउने शब्दको अर्थ प्रतिक्रिया प्राप्त गर्नका लागि केही कुरा गर्नु हो । यसलाई अलिक स्वार्थपूर्ण तरिकाले भन्ने हो भने, मैले आफ्नो सानो बहिनीको आँखामा आँसु ल्याउनका लागि उसलाई गिज्याउने काम गरे जस्तै हो । तर हामी ख्रीष्टियानहरूले यसको विपरित काम गर्नु पर्दछ । हामीले एकअर्कालाई दोष लगाउने नजरले नभई प्रेमपूर्वक हेर्नुपर्दछ जहाँ परमेश्वरको प्रेम झल्किन्छ र हामीमा भएको दानहरूलाई प्रयोग गर्ने मौका पाउँछौं ।

चित्रण

रूपाको पति बितेपछि उनलाई व्यवस्थित तरिकाले घर चलाउन गाह्रो भयो । जागिर गर्न, घरको काम गर्न साथै छोराछोरीलाई हेर्न उनलाई हम्मेहम्मे भयो । त्यसैले चर्चका दिदीबहिनीहरूले उनलाई सहायता गर्ने निधो गरे । उनको घर छेउकी दिपा दिदीले रूपाको नानीहरूलाई स्कूलबाट आए पछि खाजा दिने अनि गृहकार्यमा सहायता गर्ने प्रतिज्ञा गर्नुभयो । अरूले पनि चाहिएको खण्डमा सहायता गर्ने प्रतिज्ञा गर्नुभयो । यहाँ चर्चाका दिदीबहिनीले सेवाको अवसर देखे र चर्चलाई प्रेम र असल कामहरू गर्नलाई झकझकाए ।

परमेश्वरलाई यो कुरा थाहा छ कि हामी अझ प्रेमिला बनिन, पवित्र हुन र असल कामहरू गर्ने बनिन अरू कसैको सहायता चाहिन्छ । प्रेम त्यसै उत्पन्न हुँदैन । यसको बिजारोपण गरिनुपर्दछ र यसको अभ्यास गर्न हौसला पनि दिइनुपर्दछ ।

यसैले हामीलाई एकै ठाउँमा भेला हुने कुरालाई नलत्याउनु चेतावनी दिइएको छ । यदि हामीले एक ठाउँमा भेला हुने कुरालाई लत्यायौं भने परमेश्वरको मानिसहरूमाझ प्रेम र असल कामहरू विस्तारै सेलाउँदै जान्छ, व्यक्तिगत आत्मिक वृद्धिमा ठेस पुग्छ, सुसमाचारको काम ठप्प हुन्छ अनि कालान्तरमा हामीले येशूलाई नै पछ्याउन छोड्छौं ।

हिब्रूको पुस्तकले हामीलाई आफ्नो विश्वासमा अटल रहनलाई कडा चेतावनीहरू दिन्छ । यसले आफ्नो विश्वासमा अटल रहने एउटा उपाय भनेको एक साथ भेला हुन नछोड्नु हो भनी जोड दिन्छ । त्यसैले जसै हामीले प्रभुको दिन नजिकै आउँदै गरेको देख्दछौं हामीले अझ निष्ठाका साथ एकअर्कालाई एकसाथ भेला हुनलाई उत्साह दिनुपर्दछ ।

बाइबलले प्रभुको दिनको बारेमा के भन्छ ? यो भनेको त्यो दिन हो, जुन दिन येशू फेरि पनि यस संसारमा आउनुहुन्छ । यही नै हाम्रो महान् आशा हो । हामीले उहाँको प्रकटलाई प्रेम गर्छौं (२ तिमो ४:८) र हामी दृढतासाथ यो पनि विश्वास गर्दछौं कि हामीले उहाँलाई ग्रहण गरेको दिनभन्दा अहिले त्यो दिनको अझ नजिक पुगेका छौं

(रोम १३:११) । यो सत्यता नै खीष्टियानहरूको ध्यानको केन्द्रबिन्दु हो । यही सत्यताले नै हाम्रा आशाहरूलाई मार्गनिर्देशन गर्छ र हाम्रा हृदयहरूलाई न्यायो बनाउँछ । हामीले दिन प्रतिदिन एकअर्कालाई यो सम्झाउँछौं कि हामी आफ्नो घर पुग्नै लाग्यौं ।

तर जसरी येशूको पुनरागमनको दिन नजिकै आउँदै छ त्यसरी नै चर्च विरुद्ध शैतानको विरोध पनि बढ्दै छ । आफ्नो आगमन भन्दा पहिले यी कुराहरू हुनेछ भनी येशूले चेतावनी दिनुभएको छ, *'तब धेरै जना भड्केर जानेछन्, ठेस खानेछन्, र एउटाले अर्कालाई विश्वासघात गरेर सुम्पिदिनेछ र घृणा गर्नेछ । धेरै झूटा अगमवक्ताहरू खडा हुनेछन्, र धेरैलाई बहकाउनेछन् । दुष्टता बढेको हुनाले धेरैको प्रेम सेलाएर जानेछ'* (मत्ती २४:१०-१२) ।

खीष्टियानहरूलाई येशूलाई निरन्तर रूपमा पछ्याउन रोक्न शैतानले गर्नसक्ने सबै कुरा गर्दछ । उसको दुष्प्रयास मध्ये एउटा भनेको खीष्टियानहरूबिचको प्रेमलाई सेलाइदिने हो । उसले खीष्टियानहरूबिच एकअर्कामा विभाजन र घृणा पैदा गरिदिन्छ ।

तर परमेश्वरले हामीलाई एकअर्काप्रति प्रगाढ प्रेम गर्दै दुष्टलाई इन्कार गर्न आह्वान गर्नुहुन्छ । यस्तो प्रकारको प्रेम अनि आत्मिक परिपक्वताको बीजारोपण एक स्वस्थ चर्चमा सक्रिय रूपमा सहभागी भएर गर्न सकिन्छ ।

रोकिनुहोस्

विश्वासीहरूलाई येशू प्रति आज्ञाकारी हुन सहायता गर्नका निम्ति स्थानीय चर्चलाई प्रयोग गर्ने परमेश्वरको योजनालाई थाहा गर्दा तपाईं कसरी अचम्मित हुनुभयो ?

एक स्वस्थ चर्चले तपाईंलाई येशूको शिक्षा र उदाहरणहरू पछ्याउन कसरी टेवा पुऱ्याउन सक्छ ?

चर्च जानुको महत्वको बारेमा तपाईंसँग केकस्ता प्रश्नहरू अझै बाँकी छन् ?

उमङ्ग

उमङ्गः उसलाई नै थाहा छैन तर प्रकाश र प्रतिज्ञाले सुरुवाती चर्चको प्रेमको बारेमा बताउँदा ऊ भित्रभित्रैबाट टुक्रिन थाल्यो । जब ऊ उनीहरूसँग भान्साकोठामा बसिरहेको थियो उसले प्रेरित २ अध्यायमा भएको चर्चको चित्र आफ्नै आँखामा देखिरहेको महसुस गऱ्यो । परमेश्वरले उसलाई शारीरिक भोजन त जुटाउँदै हुनुहुन्थ्यो तर त्यो भन्दा पनि असल उहाँले उसलाई नयाँ परिवारसँग भेट गराउँदै हुनुहुन्थ्यो, जसले उसलाई वास्तवमा नै प्रेम गर्थ्यो र उसलाई परमेश्वरसँग हिँड्नलाई मद्दत गर्थ्यो ।

कण्ठस्थ पद

'हामी एटाले अर्कालाई प्रेम र असल कामको निम्ति कसरी उत्साहित गराउने त्यस कुरामाथि विचार गरौं । कति जनाको सङ्गतिमा नजाने बानी हुन्छ, तर हामी चाहिँ एकसाथ भेला हुन नछोडौं । तर प्रभुको दिन नजिक आइरहेको तिमीहरूले देखेका हुनाले एउटाले अर्कालाई झन् प्रोत्साहन देओ' (हिब्रू १०:२४-२५) ।

सारांश

हामीलाई सधैं यस्तो लाग्न नसक्ला तर अरूलाई उत्साह दिन र अरू खीष्टियानसँगको सङ्गतिद्वारा आफू पनि उत्साहित हुन, प्रचार गरिएको परमेश्वरको वचन सुन्न, र प्रतिक्रियामा उहाँलाई प्रशंसा गर्न खीष्टियानहरू नियमित चर्च जान्छन् ।

भन्न खोजेको के हो ?

चर्चमा के कुरालाई नियाल्नुपर्छ ।

पाठ ३.
एक साँचो चर्च के हो ?

उमङ्ग

उमङ्गले सहर भरि चर्चहरू देख्न थाल्यो । ती चर्चहरूलाई उसले पहिले पनि देखेको थियो तर खासै ध्यान दिएको थिएन । त्यहाँ स्वतन्त्र र समूहगत चर्चहरू रहेछन् । तिनीहरूमध्ये केही म्याथोडिस्ट, केही बप्तिस, त केही रोमन क्याथोलीक चर्च र मोर्मनको पनि रहेछ । त्यहाँ आधुनिक ढाँचामा चल्ने साथै परम्परागत हिसाबमा चल्ने पनि चर्चहरू रहेछन् ।

यस्तो विचित्रको चर्चहरू देखेर उङ्गम आश्चर्यचकित भयो । त्यसैले सदा झैँ मनमा कुनै प्रश्न हुने बित्तिकै उसले प्रकाशलाई एउटा म्यासेज पठायो, "यहाँ किन यति धेरै चर्चहरू छन् ? के हामी सबै एउटै परमेश्वरमा विश्वास गर्दैनौँ र ?"

उमङ्गको प्रश्न देखेर प्रकाशलाई हाँसो पनि लाग्यो अनि प्रतिक्रियामा व्यक्तिगत रूपमा भेट हुँदा अझ छलफल गर्ने प्रतिक्रिया दियो ।

भोलिपल्ट चिया पिउन भेट्दा प्रकाशले उमङ्गलाई उत्साह दिन प्रश्न गरेकोमा खुसी लागेको जनायो । र यो प्रश्नको उत्तर दुई भागमा दिन उचित हुने भन्दै बताउन थाल्यो ।

पहिलो, अनेक चर्चहरू हुनुको एउटा कारण भनेको त्यहाँ साँचो र झूटो दुवै प्रकारका चर्चहरू छन् । हरेक समूह जसले आफैंलाई खीष्टियान भन्छन्, तिनीहरू वास्तवमा नै खीष्टियानहरू नहुन पनि सक्छन् अनि यो भिन्नता थाहा पाउन अत्यावश्यक छ । दोस्रो, साँचो चर्च पनि किन विभिन्न प्रकारका छन् भनी थाहा पाउन आवश्यकता छ । सबै खीष्टियानले विश्वास गर्ने आधारभूत सत्यताहरू एउटै भए तापनि केही कुराहरू छन् जहाँ उनीहरूबीच फरक मत र दृष्टिकोणहरू छन्, जसको कारण उनीहरू अलग हुन्छन् । आशा गरौं कि यो काम शान्तिपूर्ण भएको होस् । पहिलो भागलाई हामी यहाँ हेर्नेछौं अनि दोस्रो भागलाई हामी आउने पाठमा हेर्नेछौं ।

भूटा शिक्षकहरूदेखि होसियार रहो ।

मुख्य पद *'भूटा अगमवक्ताहरूदेखि होशियार बस, जो तिमीहरूकहाँ भेडाको भेषमा आउँछन्, तर भित्रपट्टि चाहिँ डरलाग्दा ब्वाँसाहरूजस्ता हुन्छन् । तिनीहरूका फलबाट तिमीहरूले तिनीहरूलाई चिन्नेछौ । के काँढाका बोटबाट अंगूर अथवा सिउँडीबाट अञ्जीर टिपिन्छ र? त्यसैगरि हरेक असल रूखले असल फल फलाउँछ । तर खराब रूखले खराब फल फलाउँछ । असल रूखले खराब फल फलाउन सक्दैन, न त खराब रूखले असल फल फलाउन सक्तछ । असल फल नफलाउने हरेक रूख काटी ढालिन्छ, र आगोमा फालिन्छ । यसरी ती अगमवक्ताहरूलाई तिनीहरूका फलबाट चिन्नेछौ'* (मत्ती ७:१५-२०) ।

येशूले भूटा शिक्षकहरू आउँदैछन् भनी चेतावनी दिनुभएको थियो ।

यी छली अगुवाहरू चर्चभित्र पनि आफ्नो अड्डा जमाउन सफल हुन्छन् र सत्यताको तोडमोड गर्दछन् (यहू ४) ।

उनीहरूले परमेश्वरको वचनलाई बङ्ग्याउँछन् र मानिसहरूको कानले जे सुन्न चाहन्छन् त्यही सुनाउँछन् (१ तिमो ६:५; २ तिमो ४:३-४)।

तिनीहरू घुमीघुमी भूटो सुसमाचार प्रचार गर्छन्, जसले अनैतिकता प्रवर्द्धन गर्दछन् , र अधिकारको दुरुपयोग गरी येशूको दुलहीबाट फाइदा लिन्छन् (२ पत्र २:१-३) ।

भूटा शिक्षकहरू भेष बदलेर आउने ब्वाँसाहरू हुन् जसले खीष्टियानहरूले बोल्ने शब्दावली प्रयोग गर्दछन् । यसो हेर्दा उनीहरूले परमेश्वरलाई पछ्याए जस्तो *देखिन्छ* तर वास्तवमा उनीहरूले त्यो गरेका हुँदैनन् । उनीहरूले परमेश्वरको बारेमा *बोल्ने* र सुसमाचार प्रचार गर्ने चर्चहरूकै नेतृत्व पनि गर्नसक्छन् । तर वास्तवमा उनीहरूले भूटो ईश्वर र भूटो सुसमाचारको बारेमा बोलिरहेका हुन्छन् ।

हामीले कसरी साँचो चर्चलाई भूटो चर्चबाट बचाउन सक्छौं ?

येशूले भन्नुहुन्छ: 'उनीहरूको फलहरूबाट' । जब हामी धर्मशास्त्रलाई हेर्छौं तब साँचो चर्चको तीन वटा चिन्हहरू भेट्छौं । जब यी तीन चिन्हहरू कुनै चर्चमा हुँदैनन् तब यो कुरामा निश्चिन्त हुनुहोस् कि

तपाईंको सामु भएको चर्च झूटो हो ।

भूमिका बाँध्ने कामलाई यही छोडौं । साँचो चर्चको तीन चिन्हहरू यी हुन्: विशुद्ध सुसमाचार प्रचार, बप्तिस्मा र प्रभु-भोजको उचित सञ्चालन, र चर्च अनुशासनद्वारा चर्चको पवित्रताको हिफाजत ।

१. विशुद्ध सुसमाचार प्रचार गर्नुपर्छ

मुख्य पद *'समय पूरा भएको छ, र परमेश्वरको राज्य नजिक आइपुगेको छ । पश्चात्ताप गर, र सुसमाचारमा विश्वास गर' - येशू* (मर्कूस १:१५) ।

येशूले यस संसारमा गर्नुभएको सेवाको सुरुदेखि अन्त्यसम्म नै परमेश्वरको राज्यको सुसमाचारको प्रचार गर्नुभयो ।

आफ्नो पुनरुत्थानपछि पनि येशूले आफ्ना चेलाहरूलाई यही कुरा गर्ने आदेश दिनुभयो (यसको बारेमा हामी विस्तृत रूपमा पाठ ९ मा हेर्नेछौं ।) सुसमाचार यही हो कि हाम्रो साटो येशू मर्नुभयो र हाम्रो धर्मिकरणको लागि बौरी उठ्नुभयो । यही नै एउटा आधार हो जहाँ सबै विश्वासीले आफ्नो अनन्त गन्तव्यलाई थाती राखेका छन् ।

यदि कुनै चर्चले यो सुसमाचार प्रचार गर्दैन भने त्यो साँचो चर्च होइन ।

येशूले भन्नुभयो कि कसैले उहाँमा र उहाँको शिक्षाको आज्ञाकारितामा आधारित भई आफ्नो जीवन निर्माण नगरेसम्म उनीहरूले बालुवामा निर्माण गरिरहेका हुन्छन् जुन न्यायको दिनमा टिक्ने छैन (मत्ती ७:२४-२७) । पावलले कोरिन्थीका चर्चलाई यसो भन्दै लेखे कि सुसमाचार चाहिँ सबैभन्दा मुख्य विषय हो (१ कोर १५:१-५) । यो एकदमै महत्वपूर्ण छ किनकि, 'विश्वास गर्ने प्रत्येकका मुक्तिको निम्ति यो परमेश्वरको शक्ति हो' (रोम १:१६) ।

चित्रण

मानौं तपाईं थकाली खाना खाने मनसायमा हुनुहुन्छ । घरपरिवारलाई लिएर थकाली संस्कृति झल्किने थकाली भान्सा घरमा पुग्नुहुन्छ ।

भान्सा कोठा माटोले लिपिएको छ, खानाहरू आगो बालेर पकाइँदै छन्, काम गर्ने मानिसहरूले थकाली पोसाक लगाएका छन्, बस्ने ठाउँमा गुन्द्री बिछ्याइएको छ अनि कोठाको भित्ताभरि मुस्ताङतिरको फोटाहरू छन् । तपाईं एकदमै खुसी हुनुहुन्छ ।

तर जब खाना तपाईंको टेबलमा आउँछ तब त्यो थकाली खाना नभई यमरी पो हुन्छ । एक छिन् त तपाईं छक्क पर्नुहुन्छ होला । मनमा अनेक प्रश्नहरू उठ्छन् होला । त्यो मध्ये एउटा पक्कै पनि यो हुनेछ, "कतै म थकाली भान्सा घरमा नभई नेवारी खाजा घरमा त पसिन ?"

यस्तो दुःखदायी दृश्य मानिसहरूले धेरै चर्चहरूमा देखिरहेका छन् । उनीहरूले परमेश्वरको वचनबाट भरिन आउँछन् तर उनीहरूलाई चकलेटी सुसमाचार पस्किएर दिइन्छ ।

उमङ्ग

उमङ्गले यो बुझ्यो कि एउटा चर्च साँचो हुनलाई चाहिने आधारभूत कुरा भनेका सुसमाचार हो । तर अझै पनि उसको मनमा खट्किएको कुरा भनेको सही वा गलत सुसमाचार कसरी थाहा पाउने । त्यसैले उसले प्रकाशलाई सोध्यो, "एउटा चर्चले साँचो सुसमाचार प्रचार गरिरहेको छ भनी थाहा गर्न मैले कुन कुरालाई ध्यान दिनुपर्छ ?"

प्रकाशले भन्यो कि यो कुरा थाहा पाउनलाई विवेकको आवश्यकता पर्दछ । साथै उसले उमङ्गलाई यी चार कुराहरूलाई ध्यान दिनलाई सल्लाह दियो ।

अ. उनीहरूले साँचो परमेश्वरको प्रचार गर्नुपर्दछ ।

हामीलाई साँचो सुसमाचारमा नै साँचो परमेश्वर प्रस्तुत गरिएको हुन्छ । बाइबलमा हुनुभएको परमेश्वर नै एकमात्र परमेश्वर हुनुहुन्छ, जो तीन भिन्न व्यक्तिहरू हुनुहुन्छ- पिता परमेश्वर, पुत्र परमेश्वर, र पवित्र आत्मा परमेश्वर ।

यो सत्यता एकदमै रहस्यमय भए तापनि यसलाई कहिल्यै पनि इन्कार गर्नुहुँदैन ।

केही झूटा चर्चहरूले त्रिएकत्वलाई इन्कार गर्दछन् । जस्तै मोर्मनले यो विश्वास गर्दछ कि हाम्रो परमेश्वर ईश्वरहरू मध्ये एक हुनुहुन्छ । यहोवाको साक्षीले येशू (पुत्र परमेश्वर) लाई परमेश्वरको रूपमा इन्कार गर्दछ। एकत्व पेन्तिकोष्टलहरूले परमेश्वरको त्रिएकत्वीय स्वभावलाई इन्कार गर्दछ ।

जुनै पनि सुसमाचार जसले तपाईंलाई झूटो ईश्वरमा विश्वास गर्न प्रोत्साहन गर्छ त्यो झूटो सुसमाचार हो । साँचो चर्चहरूले परमेश्वरले आफैंलाई बाइबलमा जसरी प्रकट गर्नुभएको छ, त्यसरी नै उहाँलाई प्रस्तुत गर्दै उहाँको आदर गर्दछन् ।

आ. उनीहरूले पापको बारेमा प्रचार गर्नै पर्दछ ।

एकत्व पेन्तिकोष्टलहरूले परमेश्वरको त्रिएकत्वीय स्वभावलाई इन्कार गर्दछ । वर्तमान युगमा धेरै चर्चहरूले आफ्ना सदस्यहरूको मन सन्तुष्ट बनाउने उद्देश्य राखेका छन् र त्यसको लागि उनीहरूले ठुलो मूल्य चुकाएका छन् । जसको अर्थ उनीहरूले पापको बारेमा केही पनि भन्न चाहँदैनन् । तर बाइबलले यो प्रष्टसँग घोषणा गर्दछ कि हामी सबैले परमेश्वरको व्यवस्थालाई उल्लङ्घन गरेर उहाँ विरुद्ध जघन्य पाप गरेका छौं (रोम ३:१०-१८, २३) । यो पाप जघन्य प्रवृत्तिको छ, जसले मानिसलाई आत्मिक, शारीरिक र अन्नत मृत्युमा पुऱ्याउँछ (रोम ६:२३) ।

परमेश्वर विरुद्धको हाम्रो विद्रोहलाई हलुका बनाउनु जोखिमपूर्ण र छलपूर्ण छ ।

पवित्र परमेश्वरको अघि मानिसहरू कसरी खडा हुन्छन् भनी उहाँले बाइबलमा उल्लेख गर्नुभएको कुरालाई जस्ताको त्यस्तै हेर्नलाई साँचो चर्चहरूले मानिसहरूलाई सहायता गर्ने उद्देश्य राख्छन् । उनीहरूको उद्देश्य भनेको मानिसहरूलाई निराश बनाउनु नभई यो कुराको चेतना फैलाउनु हो कि उनीहरूले खोजीरहेका क्षमा येशूमा पाउँछन् र परमेश्वरले पनि येशूद्वारा नै क्षमा प्रदान गर्नुहुन्छ (यशै १:१८) ।

इ. उनीहरूले केवल ख्रीष्टमा केवल अनुग्रहबाट केवल विश्वासद्वारा बचाइने कुराको प्रचार गर्नुपर्दछ।

कुनै पनि सुसमाचार जसले हामीलाई परमेश्वरलाई प्रसन्न पार्न हाम्रो आफ्नै असल कामहरूमा भरपर्नु पर्दछ भनी सिकाउँछ भने त्यो झूटो सुसमाचार हो। चर्चको एउटा व्याप्त पीडादायी त्रुटि भनेको कामको आधारमा मुक्ति पाउने सुसमाचारको प्रचार हो। यस्तो सुसमाचारले येशूको आवश्यकता छ भनी वकालत त गर्छ, तर यो कुराको पनि वकालत गर्दछ कि परमेश्वरद्वारा ग्रहण गरिन हामीले चर्चमा उपस्थिति हुनु, बप्तिस्मा लिनु, असल कामहरू गर्नु र दानहरू चढाउनु जस्ता धेरै कुराहरू गर्नैपर्ने हुन्छ।

मुक्ति दिने सुसमाचारले सर्मबिना यो कुराको घोषणा गर्दछ कि हाम्रा पापहरूको क्षमाको लागि हामी अयोग्य छौँ र क्षमा हामीले कमाउन नसक्ने परमेश्वरबाटको उपहार हो।

क्षमा केवल अनुग्रहद्वारा हो। येशूले हाम्रो तर्फबाट गर्नुभएको कुरामाथि भरपर्दै यसलाई ग्रहण गर्न सकिन्छ। जसलाई केवल विश्वासद्वारा ग्रहण गर्न सकिन्छ। र हाम्रो विश्वास पूर्णरूपमा येशूको सिद्ध जीवन, प्रतिस्थापनीय मृत्यु र पुनरुत्थानमा केन्द्रित हुनुपर्दछ। यो केवल ख्रीष्टमा पाइन्छ।

मुख्य पद *'किनभने अनुग्रहबाट विश्वासद्वारा तिमीहरूले उद्धार पाएका छौ - र यो तिमीहरू आफैंबाट होइन, यो त परमेश्वरको वरदान हो- कर्महरूद्वारा होइन, यो त परमेश्वरको वरदान हो'* (एफि २:८-९)।

साँचो सुसमाचारले सबै महिमा परमेश्वरलाई मात्र दिन्छ किनकि अन्तिम दिनमा कसैले पनि आफ्नै असल कर्महरूद्वारा स्वर्गमा पाइला राख्दैन। जो कोही परमेश्वरको न्यायको सामु खडा हुन्छन् उनीहरू आफू सिद्ध भएको कारणले होइन तर उनीहरूको साटो येशू सिद्ध हुनुभएको कारणले हो। कुनै सुसमाचार जसले येशूको काममा केही कुरा थप्छ भने त्यो सुसमाचार नै होइन, तर त्यो एउटा घातक झुट हो, जसले मानिसहरूलाई विनाश तर्फ डोऱ्याउँछ (गला १:८-९)।

ई. उनीहरूले पश्चात्तापको आवश्यकताको बारेमा प्रचार गर्नुपर्दछ ।

हाम्रो जीवनमा परिवर्तन ल्याउन नसक्ने जुनसुकै सुसमाचार पनि झूटो सुसमाचार हो ।

यही कारण येशूले भन्नुभयो, *"कोही मपछि आउने इच्छा गर्छ भने त्यसले आफूलाई इन्कार गरोस्, र दिनहुँ आफ्नो क्रूस बोकेर मेरो पछि लागोस् "* (लूका (९:२३) । उहाँलाई विश्वासद्वारा पछ्याउनु भनेको हामीले आफ्ना पुरानो पापमय स्वभावहरूलाई मार्नु हो ।

अर्को शब्दमा भन्नुपर्दा, विश्वास र पश्चात्ताप एउटै सिक्काका दुई पाटाहरू हुन् । येशूलाई पछ्याउनु भनेको हामीले आफ्ना पापमय जीवनलाई त्याग्नु र येशू र उहाँको मार्गहरूमा आफ्नो नजर लगाउनु हो । यो कार्यलाई बाइबलले पश्चात्ताप भन्दछ ।

तर दुःखदायी कुरा के छ भने आजकाल धेरै चर्चहरूले यो गलत विचारको प्रवर्द्धन गर्दछन् कि यदि हामीले परमेश्वरसँग प्रार्थना गऱ्यौं भने, नियमित रूपमा चर्च आयौं भने वा सार्वजनिक रूपमा विश्वासको स्वीकार गऱ्यौं भने अरू केहीपनि चाहिँदैन । यो कुरा कुनै पनि हालतमा पूर्णरूपमा सत्यतासँग नजिक हुनसक्दैन ।

बाइबलले यो सिकाउँछ कि जब हामी विश्वासद्वारा खीष्टमा एक हुन्छौं तब हामी परमेश्वरको सामु धर्मी ठहरिन्छौं । हामी वास्तवमा नै नयाँ गरि जन्मिएका छौं भनी प्रमाण दिने विश्वासका कार्यहरू र आज्ञापालनद्वारा नै धर्मीकरण पनि प्रमाणित हुन्छ । यो रूपान्तरण मन्द गतिमा चल्न सक्छ र यहाँ अनेकौं असफलताहरू पनि हुनसक्छन्, तर यदि हामी नयाँ सृष्टि हौं भने त्यहाँ निश्चय नै नयाँ जन्मको प्रमाण हुन्छ । अन्त्यसम्म नै विश्वासद्वारा परमेश्वरलाई प्रसन्न पार्ने उद्देश्यले नै एक विश्वासीको जीवनलाई चित्रण गर्नुपर्दछ । तपाईंलाई परमेश्वरको आज्ञा पालन गर्न आह्वान नगर्ने जुनसुकै सुसमाचार पनि झूटो सुसमाचार हो ।

रोकिनुहोस्

के तपाईंले तपाई चर्च जानु हुँदा विश्वासयोग्य शिक्षाको यी आधारभूत तत्वहरूलाई प्रचार गरिएको सुन्नुभएको छ ?

तपाईंको विचारमा किन चर्चले यी हरेक तत्वलाई प्रष्टसँग बुझ्न र अङ्गाल्न आवश्यक छ ? यदि चर्चले यसो गरेन भने के हुन्छ ?

कुनै पनि चर्च जसले येशूको प्रतिनिधित्व गरेका दाबी गर्दछ तर येशूको सुसमाचारमा विश्वास गर्दैन, सुसमाचारलाई प्रचार गर्दैन र प्रतिरक्षा पनि गर्दैन भने त्यो झूटो चर्च हो । अर्को तर्फ, सुसमाचारको घोषणा गर्ने, सुसमाचारमा आनन्द मनाउने र त्यसैमा सन्तुष्ट हुने चर्च चाहिँ साँचो चर्च हो ।

साँचो चर्चको चिन्हहरू मध्ये यो नै सबैभन्दा महत्वपूर्ण हो । अरू चिन्हहरू यो पहिलो चिन्हको व्यावहारिकता वा उपयोग मात्र हो । यदि वचनलाई सही तरिकाले प्रचार गरियो भने यसले चर्च जीवनको अरू सबै भागलाई उचित तरिकाले आकार दिन्छ । र यदि वचनलाई गलत तरिकाले प्रचार गरियो भने शंकाबिना नै अरू सबै कुरा पनि भताभुङ्ग हुन्छ ।

२. विश्वासयोग्य भई बप्तिस्मा र प्रभु-भोज सञ्चालन गर्नुपर्छ

मुख्य पद *'यसकारण बप्तिस्माद्वारा हामी मृत्युमा उहाँसँगै गाडियौं, ताकि जसरी पिताको महिमाद्वारा ख्रीष्ट मरेकाहरूबाट जीवित पारिनुभयो, त्यसरी हामी पनि नयाँ जीवनको मार्गमा हिँडौं'* (रोम ६:४) ।

येशूले आफ्नो चर्चलाई बप्तिस्मा र प्रभु-भोज पवित्र विधिहरूको रूपमा दिनुभयो, जसलाई उहाँको वचनअनुरूप नै विश्वासयोग्य भई सञ्चालन गर्नुपर्दछ । पवित्र विधि एक धार्मिक विधि हो, जसले सुसमाचारको सन्देशको चिन्ह वा चित्रणको काम गर्दछ । बप्तिस्मा येशूद्वारा हाम्रो नयाँ जीवनको प्रतीक हो भने प्रभु-भोज उहाँसँगको हाम्रो निरन्तर सङ्गतिको चित्रण हो ।

पाठ सातमा हामीले कसरी बप्तिस्मा र प्रभु-भोज चर्चको जीवनमा मेल खान्छ भन्ने बारेमा विस्तृत रूपमा हेर्नेछौं तर यहाँ हामीले साँचो चर्चहरूले यी विधिहरूलाई उचित तरिकाले सञ्चालन गर्ने दुई तरिकाहरूमा जोड दिनेछौं ।

अ. यो सुसमाचार प्रचारको अनुरूप सञ्चालन गरिनुपर्दछ ।

यी विधिहरूले शब्दमा भएका सुसमाचारलाई दृश्यमा परिणत गर्दछ। जब कसैले बप्तिस्मा लिन्छ, तब हामीले कोही व्यक्ति ख्रीष्टसँग एक हुँदा के हुन्छ भन्ने कुराको दृश्यलाई हेर्न सक्छौं । त्यसैगरी जब हामी प्रभु-भोजमा सहभागी हुन्छौं तब हामी ती भौतिक चिन्हहरूमा सहभागी हुन्छौं जसले हामीलाई हाम्रा पापहरूको निम्ति तोडिएको येशूको शरीर र बहाइएको रगतको सम्भना दिलाउँछ ।

हामीले बप्तिस्मा र प्रभु-भोज दुवैलाई येशूको पूर्ण कार्यबाट अलग गराइएर सञ्चालन गर्नुहुँदैन। बप्तिस्मा लिँदैमा हामी परमेश्वरको सामु ग्रहणयोग्य हुँदैनौं । यसले हामीलाई कुनै पनि प्रकारको धर्मी बनाउने अनुग्रह दिँदैन । तर त्यसको साटो,

> **बप्तिस्माले येशूद्वारा एउटा पापी फेरि जीवित बनाइएको छ भन्ने आत्मिक वास्तविकताको भौतिक चिन्हको प्रतिनिधि गर्दछ।**

यस तरिकाले प्रभु-भोजमा हुने रोटी र दाखमद्यमा सहभागी हुँदा यसले हामीलाई कुनै पनि तहमा परमेश्वरको सामु धर्मी ठहऱ्याउने काम गर्दछ भन्ने विचार कहिल्यै पनि आउनुहुँदैन । येशूले सिद्धयाउनु भएको काममा हामीले केही पनि थप्न सक्दैनौं । तर त्यसको विपरित प्रभु-भोज विश्वासको एउटा उत्सव हो जसले हाम्रो सट्टामा भएको ख्रीष्टको मृत्युमा आनन्द लिन्छ। यही कुरा नै येशूले आफ्नो शिक्षामा सिकाउनुभयो, “मेरो सम्भनामा यो अक्सर गर” (१ कोर ११:२४-२५) ।

साँचो चर्चले पवित्र विधिहरूलाई सुसमाचारको चित्रणको रुपमा अभ्यास गर्छन् भने भुटो चर्चले ती विधिहरूलाई परमेश्वरको सामु धर्मी ठहरिने कुरामा परिणत गर्छन् ।

आ. यी विधिहरूमा विश्वासद्वारा सहभागी हुनुपर्दछ ।

बप्तिस्मा र प्रभु-भोजको आशय भनेको एक विश्वासीलाई विश्वास र परमेश्वरमा आनन्दित हुनलाई भकभकाउनु हो । यही कारणले गर्दा विश्वास हुनेहरूले मात्र यस विधिमा सहभागी जनाउनु पर्दछ ।

भूटा चर्चहरूले पवित्र विधिहरूको दुरुपयोग गर्ने एउटा तरिका भनेको विश्वास नभएकाहरूलाई पनि यसमा सहभागी गराउनु हो ।

उदाहरणको लागि मेरो घर छेउमा एउटा चर्च छ, जसले चर्चमा आउने सबैमानिसलाई प्रभु-भोजमा सहभागी गराउँछु भन्दै धाक लगाउँछ । उनीहरूको भनाइअनुसार, 'सबैलाई स्वागत गरिएको छ, र विश्वाससम्बन्धी प्रश्न नै सोधिँदैन ।' उनीहरूको निमन्त्रणा प्रेमपूर्वक भए जस्तो देखिए तापनि त्यो वास्तवमा छैन । पश्चात्ताप वा विश्वासको मापदण्ड हटाइ प्रभु-भोजमा सबैलाई समावेश गराउनु एक ईश्वरनिन्दा हो, जसले परमेश्वरको न्याय निम्त्याउँछ ।

पवित्र विधिहरूले सुसमाचारको दृश्यगत चित्रहरूको काम गर्दछन् । त्यसैले यसलाई सुसमाचारको सन्देशको दासहरूको रूपमा सञ्चालन गरिनुपर्दछ । यी विधिहरूले कहिल्यै पनि सुसमाचारको शक्तिको अवमूल्यन गर्दैनन् र त्यसका लागि बनिएका पनि होइनन् । तर त्यसको विपरित जब चर्च एकसाथ यसमा सहभागी हुन्छन्, यसले चर्चलाई सम्हाल्छ ।

साँचो चर्चहरूले बाइबलको निर्देशनअनुसार नै पवित्र विधिहरू सञ्चालन गर्दछन् । तर झूटा चर्चहरूले तिनीहरूको सामाजिक, राजनीतिक वा मानवीय एजेण्डाहरू हासिल गर्नका लागि पवित्र विधिहरूको दुरुपयोग गर्दछन् ।

चित्रण

दिपक र कमला विवाहको बिसौं वर्षको उत्सव मनाउनलाई तयारी गर्दैथिए । दिपकले कमलाको निम्ति एउटा कविता लेख्यो । उसले विवाहको औंठीलाई सफा बनायो र विवाहको दिन गरेको करारलाई फेरि पनि भन्नलाई अभ्यास गऱ्यो । हजाम कहाँ गएर कपाल काट्यो र नयाँ लुगा पनि लगायो । त्यो दिन घरमा खाना पनि उसले नै बनायो र आफ्नो श्रीमतीलाई मनपर्ने गीत पनि बजायो । माहोल उत्सवमय थियो ।

यसो हेर्दा दिपकले त्यो दिनको लागि धेरै गर्दैगरेको देखिए तापनि त्यहाँ एउटा समस्या थियो । त्यो दिनभरि दिपक आफ्नो श्रीमतीसँग एकचोटी पनि बोलेन । उसले लेखेको कविता खल्तिमा नै राखिरहेको थियो । उसले श्रीमतीको हात पनि समातेन न त उनको आँखामा हेरेर नै कुरा गऱ्यो । कमलालाई यस्तो लाग्यो कि

त्यो दिन दिपकले गरेको सबै कुरा के उनकै लागि थियो त ? यदि तपाईं दिपकको श्रीमती हुनुभएको भए उसलाई के भन्नु हुन्थ्यो ? यसो भन्नुहुन्थ्यो होला कि उसले गरेको सबै कुरा व्यर्थ छ किनकि कुनै पनि कुरामा श्रीमतीको सहभागिता थिएन । यस्तो लाग्छ कि त्यो दिन दिपकलाई आफ्नो श्रीमतीको भन्दा पनि बिसौँ वार्षिक उत्सव मनाउनमा बढी ध्यान गइरहेको थियो ।

यही दृष्टान्त ठ्याक्कै त्यो चर्चसँग मिल्छ, जसले पवित्र विधिहरूलाई सुसमाचार र विश्‍वासबाट अलग गराएर सञ्चालन गर्दछ । साँचो चर्चहरूले पवित्र विधिहरूलाई आराधनाको रूपमा लिन्छन् तर तिनीहरूलाई नै अन्तिम उद्देश्यको रूपमा हेर्दैनन् ।

उमङ्ग

प्रकाशले पवित्र विधिहरूको बारेमा बयान गर्दा उमङ्ग निक्कै उत्साहित भयो । ऊ त्यस्तो मानिसहरूको बिचमा हुर्केको थियो जसले धार्मिक विधिहरू त गर्दथे तर परमेश्‍वरलाई प्रेम गर्दैन थिए । त्यतिबेला उमङ्गमा पनि परमेश्‍वर प्रति प्रेम नभए तापनि तिनीहरूको पाखण्डी स्वभाव देखेर उसलाई नराम्रो लाग्यो । त्यस्तो पाखण्डी स्वभावमा परमेश्‍वर अप्रसन्न हुनुहुन्छ भन्ने कुरा थाहा पाएर उनी आनन्दित भए । उमङ्गले जति सुन्दै गयो, त्यति नै देखावटी रूपमा मात्र नभई वास्तवमा नै परमेश्‍वरलाई प्रेम गर्ने र चर्चको एक हिस्सा बन्ने इच्छा उसमा जाग्यो ।

रोकिनुहोस्

तपाईंको विचारमा किन परमेश्‍वरले हाम्रो लागि सुसमाचारको दृश्य चित्रणहरू दिनुभयो ?

कसरी उचित तरिकाले पवित्र विधिहरूमा सहभागी हुँदा त्यसले येशू माथिको तपाईंको विश्‍वासलाई वृद्धि हुन मद्दत गर्दछ ?

तपाईंको विचारमा किन केही चर्चहरूले येशूको सिद्ध कार्यहरूमा विश्राम लिनको साटो खोक्रो विधिहरू सञ्चालन गरिरहन्छन् ?

३. शुद्धीकरण गर्ने किसिमको चर्च अनुशासनको अभ्यास गर्नुपर्छ

मुख्य पद *'आज्ञाकारी बालकहरू भएका हुनाले अगाडिको अजान अवस्थाका कुइच्छाहरूमा तिमीहरू अब नलाग । तर तिमीहरूलाई बोलाउनुहुने जस्तो पवित्र हुनुहुन्छ, तिमीहरू आफैं पनि जीवनका सबै रहनसहनमा पवित्र होओ, किनभने यो लेखिएको छ, "तिमीहरू पवित्र होओ, किनभने म पवित्र छु"'* (१ पत्र १:१४-१६) ।

जब परमेश्वरले मानिसहरूलाई बचाउनुहुन्छ तब उहाँले तिनीहरूलाई आफ्नो शरीर अर्थात् चर्चभित्र बोलाउनुहुन्छ । चर्च उहाँको चरित्रको सामूहिक प्रदर्शन हुनुपर्दछ । यसको अर्थ,

एक साँचो चर्च एक पवित्र चर्च हो ।

हामीले अघि नै पाठ एकमा हेरिसकेका छौं कि पवित्र को अर्थ 'अलग्याइएको' हो । चर्च पापबाट अलग हुन र परमेश्वरको निम्ति पवित्र हुनलाई बोलाइएको छ । एउटा चर्चको पवित्रता विशेषगरी यी कुराहरूमा देखिन्छन्:

परमेश्वर प्रति प्रेम र आज्ञापालनमा (यूह १४:१५) र
एकअर्काप्रतिको प्रेममा (यूह १३:३४-३५) ।

एक साँचो चर्च एकसाथ भएर पापको विरुद्ध युद्ध गर्दछ । उनीहरू परमेश्वरलाई प्रेम गर्ने र उहाँ महिमित हुनुभएको देख्न चाहेको कारण पापको स्वीकार गर्दछन् र इमान्दारपूर्वक पश्चात्ताप गर्दछन् । एउटा झूटो चर्चले पवित्रताको बारेमा केही पनि सोच्दैन । उनीहरू नैतिक शिक्षा बाँड्नुमा नै ठिक्क छन् । र उनीहरू पापको बारेमा कुरा गर्नु भनेको अरूको जीवनमा दखल दिनु र आलोचन हुनु भनी भन्छन् । झूटो चर्चहरूले पनि पवित्रताको बारेमा चासो राख्छन् तर केवल गलत प्रयोजनको लागि । यस्तो हो कि उनीहरूले गर्ने असल कामहरूलाई परमेश्वरको अघि धर्मी ठहरिने माध्यमको रूपमा हेर्छन् ।

येशूले आफ्नो चर्चलाई पवित्र भएको चाहनुहुन्छ त्यसैले उहाँले चर्च अनुशासन नामक अभ्यासको स्थापना गर्नुभयो (मत्ती १८:१५-२०)। चर्च अनुशासन भनेको चर्चका सदस्यहरूले एकअर्कालाई परमेश्वरको वचनप्रतिको जवाफदेहितामा राख्नु हो । यसको केही तहहरू छन् तर

यसको अन्तिम तहमा कसैलाई स्थानीय चर्चको सदस्यताबाट बर्खास्त गर्नु हो ।

यस्तो हस्तक्षेपकारी प्रेमको उद्देश्य भनेको भड्किएका विश्वासीहरूलाई परमेश्वर र चर्चमा पुनर्मिलन गराउनु हो । पवित्र विधिहरूलाई जस्तै हामीले चर्च अनुशासनलाई पनि अर्कै पाठ (पाठ ८) मा विस्तृत रूपमा हेर्नेछौं । तर यहाँ एउटा साँचो चर्चमा अनुशासन हुनुको दुई कारणहरू हेर्नेछौं ।

अ. चर्च अनुशासनले येशूको प्रतिष्ठा सुरक्षा गर्छ

येशू र उहाँको चर्चलाई बदनाम गर्ने सूचीहरू मध्ये सबैभन्दा पहिलो पाखण्डीपन हो । मैले कयौं पल्ट खीष्टियानहरूले धेरै चर्चहरूमा देखेको पाखण्डीपनको कारणले बाइबलको कुरालाई इन्कार गरेको सुनेको छु । येशूका कठोर शब्दहरू मध्ये केही धार्मिक पाखण्डीहरूको लागि हुन्, जो परमेश्वरलाई त चिनेको नाटक गर्दछन् तर जीवन भने संसारको पोखरीमा डुबुल्की मार्दै जिउँछन् (मत्ती ७:५; १५:७; २३:१-३९) । साँचो चर्चहरूले उनीहरूको कारणले परमेश्वरको बारेमा मानिसहरूले के भन्लान् भनी विचार गर्छन् । त्यसैले उहाँको नाउँको रक्षा गर्न चर्च अनुशासनको अभ्यास गर्दछन् ।

आ. चर्च अनुशासनले मानिसहरूको आत्माको रक्षा गर्दछ ।

जब चर्चले एक व्यक्तिको पापसँग सामना गर्दछ त्यसले चर्चमा भएका सबैलाई उत्साहित बनाउँछ ।

> मेरा भाइ हो, यदि तिमीहरूमध्ये कोही सत्यबाट बरालिएर जाँदा कसैले त्यसलाई फिराएर ल्यायो भने, त्यसले जानोस् कि जसले एक जना पापीलाई त्यसको कुमार्गबाट फर्काएर ल्याउँछ, त्यसलाई मृत्युबाट बचाउनेछ, र असंख्य पापलाई ढाक्नेछ (याकु ५:१९-२०) ।

> भाइ हो, यदि कुनै मानिस अपराधमा पक्राउ पऱ्यो भने तिमीहरू जो आत्मिक छौ, तिमीहरूले नै नम्रतापूर्वक तिनको सुधार गर । आफ्नै पनि विचार राख, नत्रता तिमीहरू पनि परिक्षामा पर्नेछौ । एउटाले अर्काको भार उठाओ, र यसरी खीष्टको व्यवस्था पूरा गर (गला ६:१-२) ।

पापमा लागिरहनेहरूलाई सबैका सामु हप्काऊ, र यसरी अरूहरू पनि डराउनेछन् (१ तिमो ५:२०) ।

र अन्त्यमा, पापको सामना गर्ने कामले अन्तिम न्याय आउँदैछ र ढिलो हुनुभन्दा पहिले नै हामीले हाम्रो पापको प्रायश्चित गर्नुपर्छ भनी गवाही दिन्छ (१ कोर ५:१-१३) ।

एउटा झूटो चर्चलाई परमेश्वरको महिमा वा मानिसहरूलाई अन्तिम न्यायबाट बचाउनलाई सहायता गर्ने कुरामा कुनै चासो छैन । यस्तो प्रकारको वातावरण कुनैपनि व्यक्तिको आत्माको निम्ति एकदमै खतरनाक ठाउँ हो । एउटा साँचो चर्चले यो कुरा बुझेको हुन्छ कि परमेश्वरको वचन प्रचार गरिनु मात्र हुँदैन तर यसलाई विश्वासद्वारा ग्रहण गरिनु र जीवनमा लागू पनि गरिनुपर्दछ । लागू गर्ने प्रक्रियाको एउटा तरिका भनेको चर्च अनुशासनको अभ्यास पनि हो ।

रोकिनुहोस्

के तपाईं कहिल्यै धार्मिक पाखण्डीको वरिपरि बस्नुभएको छ ? यदि छ भने, परमेश्वर र उहाँले बाइबलमा भन्नुभएको कुराहरूलाई हेर्ने तपाईंको दृष्टिकोणमा तिनीहरूले कस्तो प्रभाव पार्‍यो ?

के तपाईं त्यस्तो चर्चमा जानुभएको छ, जहाँका विश्वासीहरूले एकअर्काको जीवनको जवाफदेहिता लिन्छन् ?

तपाईंको विचारमा, यदि जवाफदेहिता लिने चर्चका सदस्यहरूले येशूले उनीहरूलाई कति क्षमा दिनुभएको छ भनी थाहा पाए भने, यो कुराले उनीहरूलाई जवाफदेहिताको कामलाई अङ्गाल्ने कुरामा कसरी प्रभाव पर्दछ ?

उमङ्ग

कुनैकुनै चर्चहरू वास्तवमा चर्च नै होइनन् भन्ने कुरा थाहा पाएर उमङ्ग अचम्मित भयो । यसले उसमा खिन्नता र रिसको मिश्रित भाव पैदा गरिदियो । ऊ यो कुरामा पनि धन्यवादी भयो कि ऊ र प्रकाश जाने चर्चले परमेश्वरको बारेमा चासो राख्दछ । अझै पनि उसको मनमा यो कुरा भने खड्किरह्यो कि किन साँचो चर्चहरू पनि विभिन्न प्रकारका छन् ?

कण्ठस्थ पद

"झूटा ईश्वरवक्ताहरूदेखि होशियार बस, जो तिमीहरूकहाँ भेडाको भेषमा आउँछन्, तर भित्रपट्टि चाहिँ डरलाग्दा ब्वाँसाहरूजस्ता हुन्छन् । तिनीहरूका फलबाट तिमीहरूले तिनीहरूलाई चिन्नेछौ । के काँढाका बोटबाट अंगूर अथवा सिँउडीबाट अन्जीर टिपिन्छ र ? त्यसै गरि हरेक असल रूखले असल फल फलाउँछ । तर खराब रूखले खराब फल फलाउँछ" (मत्ती ७:१५-१७) ।

सारांश

एउटा साँचो चर्चको चिन्हहरू केके हुन् भनी जान्न चाहनु घमण्डले भरिएको चेष्टा होइन । तर यो त नम्रता, विश्वास, र प्रेमको प्रतिक्रिया हो । यो नम्रता हो किनकि यसले आफैंलाई परमेश्वरको इच्छा र वचनमा समर्पण गर्दछ । यो विश्वासयोग्य छ किनकि यसले परमेश्वरले प्रकट गर्नुभएको कुरामा आफ्नो ध्यान केन्द्रित गर्दछ । र यो प्रेमपूर्ण छ किनकि यसले हाम्रा विचार र कार्यहरूलाई सही तरिकाले परमेश्वर र आफ्ना छिमेकीहरू तर्फ खिँच्छ ।

भन्न खोजेको के हो ?

विविधताको बावजुद पनि हामी प्रेममा एकीकृत छौं ।

पाठ ४.
यहाँ किन विभिन्न साम्प्रदायिक चर्चहरू छन् ?

उमङ्ग

साँचो चर्च र झूटो चर्च बिचको भिन्नता त उमङ्गले बुझ्यो तर उसले यो बुझ्न सकिरहेको थिएन कि किन साँचो चर्चहरू पनि धेरै प्रकारका हुन्छन् । र एकअर्कादेखि अलग छन् । उसलाई यस्तो पनि लाग्यो कि ऊ अलिक अबुझ छ तर फेरि पनि उसको मनमा यही प्रश्न घुमिरहेको छ किन एउटै परमेश्वरलाई प्रेम गर्ने र एउटै बाइबलमा विश्वास गर्ने चर्चहरू एकअर्कासँग एकसाथ रहेर आराधना नगर्न राजी छन् ।

रोकिनुहोस्

तपाईंको विचारमा यहाँ किन यति धेरै चर्च सम्प्रदायहरू छन् ?
ख्रीष्टियानहरू छुट्टाछुट्टै आराधना गर्नुको पछाडिको गलत कारणहरू केके हुन् ?
यसको लागि केही असल कारणहरू छन् कि भनी के तपाईं सोच्न सक्नुहुन्छ ?
तपाईंको विचारमा के परमेश्वर यी अनेक सम्प्रदाय देखेर प्रसन्न हुनुहुन्छ ? किन हुनुहुन्छ वा किन हुनुहुन्न ?

मुख्य पद *"म यिनीहरूका निम्ति मात्र प्रार्थना गर्दिनँ, तर यिनीहरूका सन्देशद्वारा ममाथि विश्वास गर्नेहरूका निम्ति पनि प्रार्थना गर्छु, कि तिनीहरू सबै एक होऊन् । हे पिता, जसरी तपाईं ममा हुनुहुन्छ, र म तपाईंमा, त्यसरी तिनीहरू पनि हामीमा होऊन्, र तपाईंले मलाई पठाउनुभयो भनि संसारले विश्वास गरोस्" - येशू* (यूह १७:२०-२१) ।

क्रूसमा जानुभन्दा अघि येशूले उहाँको चर्च एक होस् भनी प्रार्थना गर्नुभयो । चर्चको एकताले नै येशू परमेश्वरको पुत्र हुनुहुन्छ भन्ने कुराको गवाही दिन्छ । यो एकता ख्रीष्टको रगतद्वारा किनिएको हो

(एफि २:१३-१६) र उत्सुकतासाथ उहाँको मानिसहरूले जोगाउनुपर्दछ (एफि ४:१-६)।

तर जब हामी आधुनिक चर्चको दृश्यलाई हेर्छौं तब हामीले सयौं वा हजारौं सम्प्रदायहरू भेट्टाउँछौं। मिरीयम-ह्वेब्टर डिक्सनरीले सम्प्रदायलाई, *"एक धार्मिक संस्था, जसको सदस्यहरू त्यो संस्थाको विश्वास र अभ्यासहरूलाई मान्ने कुरामा एक भएका छन्"* भनी बयान गर्दछ। सबै साँचो खीष्टियान चर्चले परमेश्वर र उद्धारको बारेमा आधारभूत सत्यताहरूलाई एकैनासले विश्वास गर्दछन् तर अन्य सिद्धान्तहरू र आराधनाको पक्षमा भने उनीहरूबीच केही भिन्नताहरू छ।

चर्चलाई भिन्नाभिन्नै आराधना गर्न विभाजन गर्ने केही सिद्धान्तहरूको बारेमा छलफल गर्नुभन्दा पहिले हामी कसरी सुरुवाती समयको एकीकृत चर्च आज विविध चर्चहरूमा परिणत हुनपुग्यो भन्ने बारेमा केही बेर हेर्नेछौं।

चर्च इतिहासको संक्षिप्त शिक्षा

परमेश्वरले उहाँको मानिसहरूमा पवित्र आत्मालाई वास गर्न पठाउनु भए पश्चात चर्चको स्थापना भयो (प्रे २:१-१३)। त्यस समयमा सुसमाचार फैलिए सँगै धेरै स्थानीय चर्चहरू स्थापना भए (प्रे २-२८)। रोमीदेखि प्रकाशसम्मका नयाँ करारका पत्रहरू येशू र उहाँका प्रेरितहरूको शिक्षालाई ती चर्चहरूमा लागू गर्ने काममा सहायता पुऱ्याउनका लागि लेखिएका थिए।

सुरुवाती चर्चले राजनीतिक शक्तिहरू र झूटा शिक्षकहरूबाट धेरै खेदो र सतावट भोग्नुपर्यो। नोस्टिकवाद (द्वैतवादी रहस्यवाद), ऐरियनवाद (येशूको ईश्वरत्व इन्कार गर्ने समूह) र मार्कोनीवाद (पुरानो र नयाँ करारको परमेश्वर दुई भिन्नाभिन्नै परमेश्वरहरू हुनुहुन्छ भनी वकालत गर्ने समूह) जस्ता झूटा चर्चहरूले चुनौती दिइरहन्थ्यो तर येशूले प्रतिज्ञा गर्नुभएअनुसार नै परमेश्वरले उहाँको साँचो चर्चको संरक्षण गर्नुभयो (मत्ती १६:१८)।

ती सुरुवाती शताब्दीहरूमा, चर्च अगुवाहरूको परिषद्ले चर्चले के कुरामा विश्वास गर्दछ भन्ने कुरालाई प्रष्टयाउँदै औपचारिक

विश्वासका दस्ताबेजहरू विकास गरे । यी परिषद्हरूले कुनै नयाँ सिद्धान्तहरू प्रतिपादन गरेनन् तर तिनीहरूले चर्चले विश्वास गर्दै आएको कुराहरूलाई सारांशमा उल्लेख गरे, जसले चर्चलाई झूटा शिक्षाबाट प्रतिरक्षा पनि गऱ्यो । यी दस्ताबेजहरूलाई आज विश्वासका सारहरू भनेर चिनिन्छन् र अझै पनि यिनीहरू ख्रीष्टियान चर्चहरूका लागि उपयोगी छन् ।

साँचो चर्च प्रायः एकतामा नै रहँदै आएको थियो तर एघारौं शताब्दीमा भएको चर्च महा विभाजनले पूर्वीय अर्थोडक्स र पश्चिमी रोमन क्याथोलिक चर्च बिच विभाजन ल्यायो । यो विभाजनको धेरै कारणहरू छन् जसमध्ये पोपको अधिकार र पवित्र आत्मा परमेश्वरको पिता र पुत्र परमेश्वरसँगको सम्बन्ध प्रमुख कारणहरू हुन् ।

१६ औं शताब्दीमा रोमन क्याथोलिक चर्चको भ्रष्ट अभ्यास र विकृत विश्वासमा प्रश्न गर्दै अभियानहरू सुरु भए । यसका अभियानकर्ताहरू र तिनीहरूलाई समर्थन गर्नेहरूलाई प्रोटेस्टेन्टहरू भनी चिनिन थाले । र तिनीहरू चार प्रमुख समूहमा देखा परे: लुथरन, सुइस सुधारवादी, अंग्रेज सुधारवादी र एनाब्याप्टिस्ट ।

यी चर्च सम्प्रदायहरू मुक्तिको सिद्धान्तको आधारभूत कुराहरूमा एकअर्कासँग सहमत भए तापनि अन्य महत्वपूर्ण सिद्धान्तहरूमा भने फरक मत वकालत गरे । यसले विभिन्न समूहहरूको उदयको बाटो तय गऱ्यो । ती समूहहरू यी हुन्:

मेथोडिस्ट,
प्रस्बिटेरियन,
ऐपिस्कोपलीयन,
समुदायवादी चर्च,
र बप्तिस चर्च ।

त्यसपश्चात् यहाँ विभाजन, बेमेल, फुट अनि ईश्वरशास्त्रीय असहमतिहरू हुँदै आएको छ तरै पनि अधिकांश प्रोटेस्टेन्ट चर्चहरू ख्रीष्टियान विश्वासको आधारभूत सत्यताहरूमा एक हुँदै आएका छन् ।

उमङ्ग

परमेश्वरले कालान्तरमा कसरी आफ्नो चर्चलाई निर्माण गर्नुभयो भन्ने सुनेपछि उमङ्गलाई चर्चहरूले किन विभाजित हुने निर्णय गरे होला त्यसको बारेमा अझ बुझ्न मनपर्‍यो । यसका लागि प्रकाशले चारवटा कारणहरू दिए ।

१. अत्यावश्यकता

सबै ख्रीष्टियानहरू एकै ठाउँमा भेला नहुनुको एउटा प्रमुख र सरल कारण भनेको यो कुरा असम्भव छ । ख्रीष्टियानहरू भौगोलिक रूपमा विभिन्न समुदायहरू, क्षेत्रहरू, राज्यहरू अनि महादेशहरूमा छरिएका छन् । यो एक वास्तविकता हो र यसले हामीलाई यो कुरा औंल्याउन पनि सहायता गर्दछ कि सुरुवाती चर्चमा एकै क्षेत्रका विश्वासीहरू विभिन्न स्थानमा भेला हुने गर्दथे ।

उदाहरणको लागि, गलातीको पत्र गलातीयाका चर्चहरूलाई लेखिएको थियो (गला १:२) । त्यो क्षेत्रमा कतिवटा चर्चहरू थिए त्यो हामीलाई थाहा छैन । तर हामीले यो थाहा गर्न सक्छौं कि तिनीहरूले एकअर्कालाई चिने तापनि एकसाथ सङ्गति गर्दैन थिए । त्यसैगरी १ पत्रुस (१:१), याकूब (१:१), र प्रकाश (१:४; २:१-३:२२) पनि ती चर्चहरूलाई लेखिएका थिए, जो एकै मनका थिए तर भौगोलिक अवस्थाको कारण एकै ठाउँमा भेला हुनसक्दैन थिए ।

चर्चहरू एकअर्कासँग सँगै सङ्गति नगर्नुको अर्को कारण भनेको भाषाको सीमितता हो । एउटा चर्चले भाषाको सन्दर्भमा अनुवादक खटाएर सँगै सङ्गति गर्न सक्दछ । तर बुद्धिमानी काम भनेको चाहिँ एउटै भाषामा बोल्ने मानिसहरूको निम्ति छुट्टै चर्च निर्माण गरेर उनीहरूलाई तिनीहरूको आफ्नै भाषामा परमेश्वरको आराधना गर्न दिनु हो ।

कहिलेकाहीं, अलगअलग ठाउँमा भेला हुने काम पापमय विभाजनको कारण नभई आवश्यकताको आधारमा हुने गर्दछ ।

२. सैद्धान्तिक कुराहरूको आत्मसात्

चर्चको संक्षिप्त इतिहासमा हामीले अघि नै हेरिसक्यौं कि कुनै निश्चित

सिद्धान्तहरूमा भएको फरक मतको कारण धेरै सम्प्रदायहरूको उदय भएको छ । सिद्धान्त भनेको बप्तिस्मा, आत्मिक वरदान, वा चर्च नेतृत्व कसरी सङ्गठित हुनुपर्दछ जस्ता निश्चित विषयमा बाइबलको शिक्षाको निचोड हो ।

प्रेरित पावलले यस्तो प्रकारको विभाजन आउँछ भनी यसरी बयान गर्दछन्:

मुख्य पद: *'कुनै मानिसले एउटा दिनलाई अर्को दिनभन्दा बढी महत्वको मान्छ, अर्को मानिसले सबै दिनलाई समान ठान्छ । हरेक मानिस आफ्नै मनमा पूर्ण रूपले निश्चित हुनुपर्छ'* (रोम १४:५) ।

वर्तमान कालमा यसको एउटा उदाहरण भनेको बप्तिस्मा हो ।

केही खीष्टियानहरूले यो विश्वास गर्दछन् कि उनीहरूको बालबालिकाहरूलाई बप्तिस्मा दिँदा तिनीहरू पनि करारको समुदायमा त्यही अनुरूपले सहभागी हुन्छन् जसरी खतनाद्वारा इस्राएलका बालकहरू अब्राहामसँगको करारको अधीनमा सहभागी हुन्थे (उत १७:७-८; प्रे १६:३२-३४) । अरू विश्वासीहरूले बप्तिस्मालाई नयाँ करारको चिन्हको रूपमा लिन्छन्, जुन विश्वासीहरूसँग मात्र सम्बन्धित छ (मत्ती २८:१८-२०; रोम ६:१-४; कल २:११-१२) । यो बेमेल नै विश्वासीहरूलाई भिन्नाभिन्नै ठाउँमा आराधना गर्नका लागि काफी छ । तर यस्तो कुराले चर्च विभाजन नै चाहिँ गर्दैन । यसको बारेमा हामी अर्को पाठमा अझ कुरा गर्नेछौं ।

बाइबलले हामीलाई यो सिकाउँछ कि सबै विश्वासी आधारभूत सिद्धान्तमा एक (एफि ४:१-६) भए तापनि बप्तिस्मा जस्तो द्वितीय सिद्धान्तहरूमा चाहिँ उनीहरूमा फरक मत हुनसक्छ (रोम १४:१-२३; १ कोर ८:१-१३) । यस्ता विषयहरूमा हुने दृढतालाई विश्वासद्वारा आत्मसात् गरिनुपर्दछ, 'किनकि विश्वासबाट उत्पन्न नभएको कुनै पनि कुरा पाप हो' (रोम १४:२३) ।

चित्रण

यहाँ सात सिद्धान्तहरू छन् जहाँ साँचो चर्चहरू बिच फरक मत

हुनेगर्दछ । यहाँ भएका सिद्धान्तहरूको फरक मतले चर्च विभाजन नै त गर्दैन तर हरेक समुदायले कसरी परमेश्वरलाई प्रसन्न पार्ने भन्ने बारेमा प्रार्थना सहित लाग्नु पर्दछ ।

अ. बप्तिस्मा

के बालबालिकाहरूलाई करारको चिन्ह स्वरूप बप्तिस्मा दिइनुपर्छ ? कि त बप्तिस्मा ती विश्वासीहरूको लागि मात्र हो जसले दृढ गरी विश्वासको स्वीकार गर्दछन् ?

के बप्तिस्मा पानी खन्याएर, छर्काए पनि गर्न सकिन्छ वा डुबाएर मात्र गरिन्छ ?

आ. प्रभु-भोज

के तपाईंको चर्चको सदस्यहरूले मात्र प्रभु-भोज लिन सक्छन् कि अरू ठाउँबाट आएका विश्वासीहरूले पनि लिन पाउँछन् ?

के प्रभु-भोज येशूले गर्नुभएको कामको सम्झना मात्रै हो वा यो उहाँसँगको हाम्रो आत्मिक सङ्गति पनि हो ?

के हामीले अखमिरी रोटी र दाखमद्य मात्र प्रयोग गर्नुपर्छ कि पाउरोटी र अङ्गुरको रस पनि प्रयोग गर्न सक्छौं ?

इ. चर्च प्रशासन

चर्चमा कसको अधिकार छ ? पास्टरहरूको ? सदस्यहरूको ? बाह्य समूहको ? के महिलाहरूले डिकनको रूपमा सेवा गर्न सक्छन् ? के तिनीहरूले एल्डर/पास्टरको रूपमा सेवा गर्न सक्छन् ?

ई. अनुग्रहको सिद्धान्तहरू

कसरी परमेश्वरको सार्वभौमिकता र मानिसहरूको दायित्व मुक्तिको सन्दर्भमा मेल खान पुग्छ ?

के तपाईंले आफ्नो मुक्ति गुमाउन सक्नुहुन्छ ? के विश्वासीहरूलाई सदाको निम्ति पवित्र आत्माद्वारा मुक्तिको छाप लगाइन्छ ?

उ. अन्त्यको समय

अन्त्यको समयमा कसरी घटनाहरू घट्नेछन् ?
चर्च र इस्राएलबिचको सम्बन्ध के छ ?

ऊ. आत्मिक वरदानहरू

के चङ्गाइ, अगमवाणी, अन्यभाषामा बोल्नु जस्ता आत्मिक वरदानहरूको अन्त्य भएको छ र वर्तमान कालमा चर्चलाई दिइएको छैन ?
यदि तिनीहरू अझै पनि दिइदै आएको छ भने अगमवाणी र अन्यभाषा जस्ता दानहरू चर्चमा कसरी उपयोग हुनुपर्दछ ?

ए. सेवाको अवधारणा

चर्चले आफ्नो सेवालाइ कसरी कार्यान्वयन गर्नुपर्छ ?
के चर्चमा बाल-सङ्गति, घरेलु सङगति र अतिरिक्त कार्यक्रमहरू हुनुपर्दछ ?

तपाईंले देखिहाल्नुभयो कि धेरै महत्वपूर्ण विषयहरू छन् जसप्रति विश्वासीहरूले दृढ दृष्टिकोण विकास गर्न सक्छन् । जसै उनीहरूले दृष्टिकोण विकास गर्दछन्, त्यसै उनीहरू जस्तै विचार भएका मानिसको समूह भेट्नेछन्, र एकसाथ सङ्गति गर्नेछन् । केही विश्वासीहरूलाई फरक मत भएको ठाउँमा सङ्गति गर्न असजिलो महसुस गर्दछन् तर हामीले जहिलेपनि एकअर्कासँग मेलमिलापमा बस्ने चेष्टा गर्नुपर्दछ (रोम १२:१६) ।

व्यक्तिगत रोजाइहरू

व्यक्तिगत रोजाइहरू खीष्टियानहरू बेग्लाबेग्लै सङ्गति गर्ने कारणहरूमध्ये यसलाई पुष्टि गर्न अलिक गाह्रो छ किनकि एकातिर हामीलाई एकअर्कालाई प्रेमपूर्वक सेवा गर्न (गला ५:१३), अरूलाई आफूलाई भन्दा महान् देख्न (फिलि २:३-४), र अरूलाई हानी गर्दै आफू सन्तुष्ट नरहन (रोम १५:१) आज्ञा दिइएको छ ।

अनि अर्कोतिर एउटै तरिकाको सङ्गीत रुचाउने, आराधना विधि मान्ने, र सांस्कृतिक अभिव्यक्तिहरू दिने समूहमा गएर सङ्गति गर्नु कुनै पनि गलत कुरा होइन । केही वातावरण र शैलीहरू छन् जोसँग हामी अझ नजिक र सहज महसुस गर्छौं ।

हामीले यो कुरा थाहा गर्नैपर्छ कि ख्रीष्टमा भएको एकताले संस्कृति, शैली वा अभिव्यक्तिमा एकरूपताको माग गर्दैन ।

विविधता परमेश्वरबाटको सुन्दर उपहार हो, जसले उहाँको त्रिएकत्व स्वभावलाई प्रतिविम्ब गर्दछ । तरै पनि अरू चर्चसँग हाम्रो चर्च के कुरामा फरक छ भन्दा पनि उनीहरूसँग हामी के कुरामा एक छौं, त्यो महत्वपूर्ण हुन्छ । केही विश्वासीहरू प्रस्बिटेरियन चर्चहरूमा पाइने शान्तमय सेवामा रमाउँछन् भने कोही नाच्दै उफ्रिँदै आराधना गर्ने क्यारिस्मेटिक चर्चहरूमा आफैंलाई रमाइरहेको पाउँछन् ।

उमङ्ग

उमङ्गले प्रकाशलाई रोक्दै भन्यो, 'कुरा त सही हो, तर मेरो चाहनाअनुसारको चर्च रोज्दै जानुमा खतरा पनि त छ, होइन र ? यो सुन्दै गर्दा यस्तो लाग्यो कि यसले स्वार्थपूर्ण सोचहरूलाई जन्म दिन्छ ।'

प्रकाशले उमङ्गको कुरासँग सहमति जनायो र आफ्नो विचारसँग मिल्ने चर्च रोज्ने क्रममा केही कुराहरूमा ध्यान दिनलाई सुझाव दियो ।

अ. सत्यतालाई नै मिच्दै आफ्नो रोजाइको खोजी गर्ने कुरादेखि जोगिनुपर्छ

प्रार्थना गर्नुहोस् कि परमेश्वरले तपाईंलाई एउटा विश्वासयोग्य चर्च भेट्नलाई सहायता गर्नुभएको होस्, जहाँ तपाईं घरमा भएको महसुस गर्नुहुन्छ । तर यो कुरा गर्ने क्रममा तपाईंले सत्यता माथि सम्झौता गर्ने काम चाहिँ नगर्नुहोस् । चर्चको एक महत्वपूर्ण तत्व भनेको विश्वासयोग्य भई सही शिक्षा प्रचार गर्नु हो । तर दुःखदायी कुरा के छ भने कतिपय चर्चहरूले मजबुत संस्कृति वा अद्भूत अनुभवहरू त प्रदान गर्दछन् तर बाइबलको सही शिक्षा सिकाउने कुरालाई भने बेवास्ता गर्दछन्, जुन चर्चमा गर्नै नहुने कुरा हो ।

चित्रण

म जवान हुँदा एउटा सानो चर्चमा जान्थें । त्यहाँ एक किसिमको सङ्गीत थियो जसले मेरो मनलाई आनन्दित तुल्याइ आत्मालाई भर्थ्यो । म त्यहाँ जाँदा निक्कै चङ्गा महसुस गर्दथें ।

तर जब म बाइबल प्रतिको बुझाइमा बढ्दै गएँ तब मैले यो महसुस गरेँ कि त्यहाँ बाइबलको सही शिक्षालाई विश्वासयोग्य भई सिकाइँदैन रहेछ । उनीहरूले अनौठो तरिकाले बाइबलको प्रयोग

गर्दथे । त्यसकारण म अरू चर्चहरू तिर जान थालें । तर दुःखको कुरा के हो भने, त्यहाँ बाइबलीय शिक्षा त सही तरिकाले सिकाइन्थ्यो तर सङ्गीत भने निक्कै खस्केको थियो ।

मैले यस्तो चर्चका खोजी गर्नमा धेरै समय बिताएँ, जहाँ वचन र सङ्गीत दुवै गुणस्तर होस्, तर त्यस्तो चर्च पाइनँ । त्यसपछि एकजना बुद्धिमानी साथीले मलाई के सल्लाह दिनुभयो भने एउटा यस्तो चर्चमा सङ्गति गर्नु जहाँ वचनको प्रचार विश्वासयोग्य भई गरिन्छ र अरू केही कुरामा पनि ध्यान नदिनु । फर्केर हेर्दा, त्यो सुझावप्रति म धेरै धन्यवादी छु । परमेश्वरले त्यो घटनालाई प्रयोग गरेर ममा बाइबल प्रतिको दृष्टिकोण तल्लो तहको हुन दिनु भएन ।

आ. अरूलाई नै हानी पुऱ्याउँदै आफ्नो चाहनाहरूलाई पूरा गर्ने कार्यबाट टाढै बस्नु पर्छ

चर्च केवल हाम्रो चाहना र आवश्यकताहरूलाई पूरा गर्न मात्र अस्तित्वमा आएको होइन । ख्रीष्टियानहरूले त्यो येशूलाई पछ्याउँछन् जो सेवा पाउनका लागि नभई सेवा दिनका लागि आउनुभएको छ (मर्क १०:४५) । त्यसैले जब हामीले चर्चको खोजी गर्दछौं तब अरूको निम्ति हामी आशिषित हुनका लागि परमेश्वरले हामीलाई कसरी प्रयोग गर्नुहुन्छ भन्ने कुरा देखाउनुहोस् भनी परमेश्वरसँग प्रार्थना गर्नुपर्छ । अक्सर परमेश्वरले हामीलाई असहज ठाउँहरूमा सेवा गर्नका लागि बोलाउनुहुन्छ, यही हेतुले कि उहाँले सेवाको लागि बोलाउनुभएको हरेक ठाउँमा हामीले उहाँलाई पछ्याउन इच्छुक होऔं र अरूलाई आशिषित बनाउन सकौं ।

सेवाको लागि बोलाइएको अर्थ यो होइन कि हामीले चाहिँ वचनको प्रचार र हाम्रा चर्चका सदस्यहरूबाट सेवा लिनै हुँदैन । यसको अर्थ यो हो कि उनीहरूबाट सेवा लिए तापनि हाम्रो आचरण चाहिँ जहिल्यै पनि उपभोक्ताको जस्तो नभई दासको जस्तो हुनुपर्छ ।

मुख्य पद *'स्वार्थ वा अहङ्कारमा केही नगर, तर नम्रतामा एउटाले अर्कालाई आफूभन्दा श्रेष्ठ ठान । तिमीहरू हरेकले आफ्नै हित मात्र नखोज, तर अरूका हितलाई पनि हेर ।' - प्रेरित पावल* (फिलि २:३-५) ।

आफू घरमा भएको महसुस हुने चर्च खोज्दा हाम्रो रुचिले महत्वपूर्ण भूमिका खेल्छ तर यो गर्ने क्रममा हामीले सत्यतालाई मिचेर वा अरूलाई हानी पुऱ्याएर आफ्नो स्वार्थपूर्ण निर्णयको बचाउ गर्नुहुँदैन ।

रोकिनुहोस्

तपाईं जाने चर्चमा नियमित रूपमा सहभागी हुनका लागि प्रभाव पार्ने तपाईंको महत्वपूर्ण रुचिहरू केके हुन् ?
कसरी तपाईं आफ्नो रुचिलाई निर्णायक तत्व बन्न दिन लालयित हुन सक्नुहुन्छ ?

ङ. पापमय विभाजनहरू

साँचो विश्वासीहरू पापमय चरित्रहरूमा फस्न सक्छन्, जसले पापपूर्ण विभाजन ल्याउँछ । उनीहरूले आफ्नो रुचिहरूलाई यति ठूलो हुन दिन्छन् कि उनीहरूले चाहेको कुरा नहुदाँ भद्रगोल गर्ने, रिसइवी राख्ने र नेतृत्वको निर्णयलाई नै नमान्ने हुन्छन् र यसको सूची धेरै परसम्म पुग्न सक्छ ।

दु:खको कुरा यस्तो दृश्य धेरै चर्चहरूमा देख्न पाइन्छ, यतिसम्म कि यो बाइबलमा पनि पाइन्छ । यसको प्रष्ट उदाहरण भनेको कोरिन्थीको चर्च हो । त्यतिबेला कोरिन्थी दार्शनिक र अनैतिक कार्यहरूको कारण प्रसिद्ध थियो । त्यसैगरी चर्च पनि सांसारिक मूल्यमान्यताहरूबाट ग्रसित थियो, त्यसकारण त्यहाँ विभाजन पनि थियो । अझ विशेषगरि उनीहरूले निश्चित शिक्षकहरूको भक्त भएका थिए र विभिन्न गुटहरू खडा पनि गरेका थिए ।

मुख्य पद *'भाइ हो, हाम्रा प्रभु येशू ख्रीष्टको नाउँमा म तिमीहरूलाई आग्रह गर्दछु, कि तिमीहरू सबै एक-अर्कासँग सहमत होओ, र तिमीहरूको माझमा केही फूट नहोस् । तर तिमीहरू एकै मन र एकै विचारका होओ । किनकि, मेरा भाइ हो, तिमीहरूमा झगडा छ भन्ने कुरा क्लोएका परिवारहरूले मलाई खबर दिएका छन् । मेरो भन्ने तात्पर्य यही हो, तिमीहरू कसैले, "म पावलको", कसैले, "म अपोल्लोसको", कसैले "म केफासको" र कसैले "म ख्रीष्टको हुँ" भन्छौ अरे'* (१ कोर १:१०-१२) ।

विश्वासीहरूमा उनीहरूको पास्टर र अन्य अगुवाहरूसँग उचित भावना हुनुपर्दछ । तर कोरिन्थीको चर्चमा परिस्थिति हतभन्दा बाहिर गइसकेको थियो । पावलले यो भन्छन् कि तिनीहरू एकअर्कामा को चाहिँ उत्तम शिक्षक हुन् भनी झगडा गर्दथे । उनीहरूका शिक्षकहरूले परमेश्वरले दिनुभएको दानको प्रशंसा गर्नको साटो तिनीहरूले आफूलाई आदर्श पात्र बनाएर विभिन्न गुटहरू विकास गरे । उनीहरूले तुलना र व्यक्तित्व आराधनाको संस्कृति विकास गरे ।

यस्तो प्रकारको विभाजन चाहिँ पापमय हो ।

जब विश्वासीहरूले कुनै निश्चित शिक्षकहरू, चिन्हहरू, सम्प्रदायहरू वा व्यक्तित्वहरूसँग सम्बन्धित भएर आफ्ना भावनाहरूलाई हत भन्दा बाहिर जान दिन्छन्, तब उनीहरूले अरू चर्चहरूलाई तुच्छ ठान्ने वा विभाजित हुने पापमय कदम चाल्छन् ।

रोकिनुहोस्

यदि चर्चका कोही विश्वासीहरूले लगातार कानेखुसी र गनगन गर्न थाले भने, त्यसले चर्चमा कस्तो असर ल्याउन सक्छ ?

क्षमा नदिने कुराले चर्चमा कस्तो असर ल्याउँछ ? पैसासम्बन्धी मुठभेटले कस्तो असर पार्छ ?

चर्चलाई हानी पुर्‍याउने र विभाजनको मार्गमा डोर्‍याउने अरू पापहरू केके छन् ?

यदि तपाईंले अरू चर्चको बारेमा कसैले कानेखुसी गरिरहेको सुन्नुभयो भने के गर्न सक्नुहुन्छ ? तपाईंले त्यो दाजुभाइ वा दिदी बहिनीलाई भिन्न तरिकाले सोच्न कसरी उत्साह दिनुहुन्छ ?

उमङ्ग

केही छिन उमङ्ग परको वनलाई हेर्दै घोरिएर बस्यो र भन्यो, "मेरो यही इच्छा छ कि चर्चहरूले एकसाथ आराधना गरे हुन्थ्यो।" प्रकाशतिर हेर्दै "परमेश्वरको इच्छा पनि त्यही नै होइन र ?" प्रकाशले आफ्नो बाइबल हातमा लियो र अन्तिम पन्नातिर पल्टाउँदै भन्यो, "तिमीले भनेको कुरा सही हो। परमेश्वरले आफ्ना मानिसहरू एकै ठाउँ आराधना गरेको चाहनुहुन्छ - र जब येशू आउनुहुन्छ तब हामीले यसै गर्नेछौँ।"

प्रकाश ७:९-१० मा परमेश्वरले प्रेरित यूहन्नालाई भविष्यमा हुने चर्चको दर्शन दिनुभयो। यूहन्नाले दिएको बयानलाई सुन्नुहोस्: *यसपछि कुनै मानिसले गन्न नसक्ने एउटा ठूलो भीड, जो हरेक जाति, सबै कुलहरू, मानिसहरू र भाषा बोल्नेबाट थियो, सेता पोशाक पहिरेर हातमा खजुरका हाँगा लिई सिंहासन र थुमाको सामुन्ने उभिरहेको मैले देखें। तिनीहरू उच्च सोरले कराए, "सिंहासनमा विराजमान हुनुहुने हाम्रा परमेश्वर र थुमामा मुक्ति छ।"*

परमेश्वरको चर्चको एकताको यो एउटा झझल्को हो, जुन चर्चले अनन्तमा पाउनेछ। एउटा यस्तो दिन आउँदैछ, जहाँ कुनै पनि विभाजन वा सम्प्रदायहरू हुँदैनन्। सबै विश्वासीले प्रष्टसँग देख्नेछन् र त्यहाँ विश्वासको आवश्यकता पर्दैन किनकि हामी सबै येशूसँग हुनेछौँ।

त्यो एकदमै अद्भुत कुराले भरिएको दिन हुनेछ तर आउन बाँकी नै छ।

त्यसैकारण, आज हामीले शान्तिको बन्धनमा पवित्र आत्माको एकता कायम राख्न प्रयत्न गर्नुपर्छ (एफि ४:३)। किनकि एकता त्यसै हुने कुरा होइन। हाम्रा पापमय रणनीतिहरू र शैतानको चाहहरू जहिल्यै पनि एकताको विरुद्ध छ। तर हामीलाई यो कुरा थाहा छ कि येशूले आफ्नो महानताको निम्ति आफ्नो चर्च एकतामा भएको चाहनुहुन्छ। त्यसैले हामीले उहाँको सहायताको निम्ति बिन्ती गर्नुपर्छ।

रोकिनुहोस्

अरू चर्चहरूसँग तपाईंले कसरी एकताको निम्ति प्रयत्न र प्रार्थना गर्नुहुन्छ ?

त्यसको लागि केही तरिकाहरू यहाँ प्रस्तुत गरिएका छन्, जसलाई तपाईंले मध्यनजर गर्न सक्नुहुन्छ:

अ. अरू चर्चहरू प्रति नम्र धारणा र आचरण तपाईंमा विकास गरिदिनु भएको होस् भनी परमेश्वरसँग प्रार्थना गर्नुहोस्

हामी सबैले ऐनामा मधुरो चित्र मात्र देख्छौं (१ कोर १३:१२) । खीष्टियानहरूको कुनै पनि सम्प्रदाय वा समूह छैन, जो बाइबलको अर्थानुवाद र प्रयोग गर्ने क्रममा पूर्ण रूपमा सही छ । हामीले यो कुरा मान्न अत्यावश्यक छ कि हामी बिचमा भएको फरक मतहरूको पछाडि हामीमा भएको विभिन्न मात्राको आत्मिक अन्धोपनको हात छ ।

हामीमा भएको आत्मिक अन्धोपनले हामीलाई परमेश्वरको वचन अझ गहिराइमा बुझ्न अल्छि हुने बहाना दिँदैन । तर त्यसको विपरित यसले हामीमा अरूप्रति नम्र आचरण बीजारोपण गर्नुपर्छ । कोही व्यक्ति तपाईंको चर्चमा छैन भन्ने बित्तिकै ऊ परमेश्वर कै होइन भन्न मिल्दैन (लूक ९:४९-५०) ।

आ. अरू चर्चहरूप्रति उदारचित्त भई बोल्न र व्यवहार गर्न तपाईंलाई सहायता गरिदिनु भएको होस् भनी परमेश्वरसँग प्रार्थना गर्नुहोस्

येशूको दुलहीलाई चर्को आलोचना र गनगनद्वारा निन्दा गर्ने कुराबाट होसियार हुनुहोस् । यो निश्चय नै छ कि उनी सिद्ध दुलही भईसकेकी छैन् तर जब तपाईं आफ्नो वा अरू कसैको चर्चको बारेमा कुरा गर्दै हुनुहुन्छ भने उनीहरूको इज्जतमा दाग लगाउने कुराबाट होसियार हुनुहोस् । यो कुरा कहिल्यै नभुल्नुहोस् कि येशूले आफ्नो चर्चलाई प्रेम गर्नुहुन्छ र हामीले पनि प्रेम गर्ने प्रयत्न गर्नुपर्छ ।

उदारचरित भएर तपाईंले त्यस्तो संवादको लागि ढोका खोल्नुहुन्छ जसले परमेश्वरलाई आदर दिनेछ । यसले तपाईंको चर्चमा भएका विश्वासी र अखीष्टियानहरूको हृदयलाई अरू खीष्टियानहरूको बारेमा नराम्रो नसोच्न मार्ग निर्देशन पनि गर्नेछ ।

रोकिनुहोस्

तपाईंको विचारमा किन कुनै विश्वासी अरू चर्चको बारेमा राम्रो कुरा गर्नै चाहँदैनन् ?

परमेश्वरले कसरी अरू चर्चहरूप्रति तपाईंको उत्साहपूर्वक र नरम शब्दहरूलाई आफ्नो महिमाको निम्ति प्रयोग गर्नुहुन्छ ?

इ. अरू चर्चहरूको निम्ति प्रार्थना गर्नुहोस्

हामीले जहिल्यै पनि आफ्नो चर्चको निम्ति प्रार्थना गर्नुपर्दछ । तर हामीले अरू चर्चहरूको पनि नाउँ काढेर प्रार्थना गर्दै एकताको भावको बीजारोपण गर्नुपर्दछ । जब तपाईंले यो कुरा अर्थात् अरू चर्चहरूको निम्ति आफ्नो व्यक्तिगत भक्तिको समयमा, घरेलु संगतिमा, वा पुल्पिटबाट प्रार्थना गर्नुहुन्छ यसले परमेश्वरलाई उच्च पार्नेछ ।

यस्तो अभ्यासको लागि तपाईंलाई सहायता गर्न केही उदाहरणहरू दिइएको छ:

हे परमेश्वर, तिनीहरूलाई आशिष दिनुहोस् ताकि तिनीहरूले तपाईंलाई चिन्नेछन् र अझ गहिरो प्रेम गर्नेछन् ।

हे परमेश्वर, तिनीहरूलाई पापलाई घृणा गर्न र पवित्रतालाई प्रेम गर्न सहयोग गर्नुहोस् ।

हे परमेश्वर, तिनीहरूको एकतालाई जोगाउनुहोस् ताकि तिनीहरूले तपाईंको नाउँको उचित महिमा गर्न सकुन् ।

हे परमेश्वर, तिनीहरूको माझमा जागृती ल्याउनुहोस् । तिनीहरूलाई प्रयोग गर्नुहोस् । तिनीहरूको वृद्धि गर्नुहोस् र मानिसहरू ख्रष्टिमा आएको देख्नलाई सहायता गर्नुहोस् ।

हे परमेश्वर, तपाईंको वचनको प्रचारलाई आशिष दिनुहोस् र उनीहरूको पास्टरलाई सामर्थ्य र आशिष दिनुहोस् ।

हे परमेश्वर, तिनीहरूलाई दुष्टबाट बचाउनुहोस् र तपाईंको सुरक्षाको बारेमा थाहा पाउन सहयोग गर्नुहोस् ।

तपाईंले जसरी अरूले तपाईंको चर्चको बारेमा प्रार्थना गरेको चाहनुहुन्छ, तपाईंले पनि अरू चर्चहरूको लागि त्यसरी नै प्रार्थना गर्नुपर्दछ। कालान्तर रूपमा यसले विश्वासीहरूको हृदयलाई परिवर्तन गर्दछ र एकताको लागि येशूले गर्नुभएको प्रार्थनालाई प्रदर्शन गर्दछ।

ई. राज्यको कामको निम्ति सहकार्य गर्नलाई बाटोहरू खोज्नुहोस्

यो साँचो हो कि हरेक चर्च त्यो उनीहरूलाई बोलाइएको काम गर्नमा विश्वासयोग्य हुनुपर्दछ, तर एकसाथ काम गर्नु बुद्धिमानी कुरा हो। चर्चहरूले मिसनरीहरू पठाउन वा घर विहीनहरूको लागि सुसमाचार केन्द्रित आवास गृहहरू बनाउनमा एकजुट हुन सक्छन्। सहकार्यको लागि अवसरहरू आउन सक्छन्। तर यो कार्य गर्न चुनौतीपूर्ण छ किनकि हरेक चर्चसँग भिन्नाभिन्नै अवधारणाहरू छन्। तर यस्तो कार्यले हामीलाई एकअर्काबाट सिक्न र हामीमा भएको खीष्ट केन्द्रित एकतालाई प्रदर्शन गर्दछ।

चित्रण

मैले वासिङ्गटन बाहिर बप्तिस चर्चमा पास्टरको सेवा गर्दछु। हाल हामी प्रेस्बिटेरियन चर्चसँग मिलेर साझेदारीमा एउटै भवनमा सेवा गर्दै आएका छौं। हाम्रा चर्चहरू बप्तिस्मा, चर्च प्रशासन र अन्य केही कुराहरूमा फरक मतहरू भए तापनि हामीबीच असहमति भन्दा पनि धेरै सहमतिहरू छन्। हाम्रा चर्चहरूले एकअर्काप्रति न्यानो सद्भावनाहरू बाँड्छन् र हामीले यस्तो तरिकाले सहकार्य गरेका छौं कि त्यसले परमेश्वरलाई आदर पुऱ्याएको छ, हाम्रा चर्चहरूलाई एकअर्काको लागि सोच्न उत्साह दिएको छ र येशू नै परमेश्वरको पुत्र हुनुहुन्छ भनी संसारलाई गवाही दिइरहेको छ।

उमङ्ग

हामीबीचमा भएको भिन्नताहरूमा परमेश्वरको योजनाहरू छन् भन्ने कुरा थाहा पाएर आफ्नो वरिपरि भएका चर्चहरूमा विविधता देख्दा उमङ्ग उत्साहित भयो। उसले यो कुरा बुझ्यो कि चर्चहरूबीच जहिल्यै पनि मतभेद र असमझदारी हुन्छ तर सुसमाचारको खातिर अरू विश्वासीहरूसँग एकजुट हुनुपर्दछ भन्ने तथ्यले उसलाई उत्साहित बनायो।

कण्ठस्थ पद

'भाइ हो, हाम्रा प्रभु येशू ख्रीष्टको नाउँमा म तिमीहरूलाई आग्रह गर्दछु, कि तिमीहरू सबै एक-अर्कासँग सहमत होओ, र तिमीहरूको माझमा केही फूट नहोस्। तर तिमीहरू एकै मन र एकै विचारका होओ। किनकि, मेरा भाइ हो, तिनीहरूमा झगडा छ भन्ने कुरा क्लोएका परिवारहरूले मलाई खबर दिएका छन्। मेरो भन्ने तात्पर्य यही हो, तिमीहरू कसैले, "म पावलको", कसैले "म अपोल्लोसको", कसैले "म केफासको" र कसैले "म ख्रीष्टको हुँ" भन्छौ अरे' (१ कोर १:१०-१२)।

सारांश

भिन्नताले चर्चलाई साँचो एकता के हो भनी संसारलाई देखाउने अवसर प्रदान गर्दछ। यो युग जहाँ असहमतलाई घृणाले हेर्ने गरिन्छ, यहाँ विश्वासीहरूलाई भिन्नताको बावजुद पनि एकअर्काप्रति नम्रता, उदारचरित र राज्य केन्द्रित प्रेम देखाउने अवसर छ। यस्तो प्रकारको एकताको निम्ति उर्जा, प्रयत्न, प्रार्थना, निर्देशन, स्वीकार र पश्चात्तापको आवश्यकता छ। र यो कार्य प्रयास गर्न योग्यको छ।

भन्न खोजेको
के हो ?

बप्तिस्मा र प्रभु-भोजले

येशूसँगको हाम्रो

एकत्वलाई

प्रदर्शन

गर्दछ ।

पाठ ५.
बप्तिस्मा र प्रभु-भोज

 उमङ्ग

प्राय: प्रकाश र प्रतिज्ञाले साप्ताहिक सेवा पछि प्रेम भोजको आयोजना गर्दथे, जहाँ उमङ्ग सहभागी हुने गर्दथ्यो । भोजन लिने बेलामा उमङ्गले आफ्नो जीवनमा परमेश्वरले ल्याउनुभएको परिवर्तनलाई महसुस गर्दै अचम्मित हुन्थ्यो । उसले परमेश्वरसँग नजिक मात्र महसुस गरेन तर चर्चका मानिसहरूको बारेमा फिक्री पनि गर्न थाल्यो ।

ग्रहण गरी करिब दुई महिनासम्म चर्च सेवामा सहभागी भए पनि एक दिन प्रकाशले उमङ्गलाई बप्तिस्मा लिएर चर्चको सदस्य बन्ने बारेमा प्रस्ताव राख्यो । उमङ्गले प्रकाशलाई यसको बारेमा अझ बयान गर्न अनुरोध गर्‍यो । प्रकाशले बाइबललाई हातमा लिएर भन्यो, "यो कुराको सुरुवात बप्तिस्मा र प्रभु-भोज के हुन् त्यहाँबाट सुरु गरौं । त्यसपछि हामी चर्चको सदस्य हुनु भनेको के हो त्यसको बारेमा हेर्नेछौं ।" त्यो एउटा उत्तम योजना थियो ।

यस पाठमा हामी बप्तिस्मा र प्रभु-भोजको बारेमा हेर्नेछौं । र अर्को पाठमा हामी चर्च सदस्यताको बारेमा हेर्नेछौं ।

रोकिनुहोस्

तपाईंको विचारमा बप्तिस्मा र प्रभु-भोज के हुन् ?
के कुराले एक विश्वासीलाई बप्तिस्मा लिन र प्रभु-भोजमा सहभागी हुनलाई उत्प्रेरणा गर्दछ ?

येशूले आफ्नो चर्चलाई बप्तिस्मा र प्रभु-भोज अध्यादेश/पवित्र विधिको रूपमा दिनुभयो, जसलाई आराधनाको अंशको रूपमा सञ्चालन गरिनुपर्दछ । अध्यादेश भनेको अधिकारमा भएको व्यक्तिले दिएको आज्ञा हो र, यस सन्दर्भमा परमेश्वरले दिनु भएको आज्ञा हो । पवित्र विधि भनेको केही **पवित्र थोक वा विशेष अर्थको साथ र प्रयोजनको लागि परमेश्वरद्वारा अलग गरिएको थोक हो ।** यहाँ हामीले एउटा

कुरा बुझ्नै पर्दछ कि बप्तिस्मा र प्रभु-भोज विशेष प्रयोजनको लागि परमेश्वरले नियुक्त गर्नुभएको विधि भए तापनि यिनीहरूमा उद्धार गर्ने शक्ति छैन ।

साधारण भाषामा भन्नुपर्दा:

> **सुसमाचारले यो घोषणा गर्दछ कि हामी विश्वासद्वारा केवल येशूमा बचाइएका छौं ।**

आफ्नो भलाईमा, परमेश्वरले यी दुई अभ्यासहरूलाई सुसमाचारको चित्रणको रूपमा नियुक्त गर्नुभएको छ ।

चित्रण

हाम्रो विवाहको दिन मेरो श्रीमती र म भेला भएका घरपरिवार, साथीभाइहरूको अघि उभिएर एकअर्कासँग करार बाँध्यौं । त्यो करारले हाम्रो विवाहलाई स्थापन गरेन तर त्यसले सार्वजनिक रूपमा यो घोषणा गऱ्यो कि अब उप्रान्त हामी अरू प्रेमीहरू बनाउने छैनौं र जबसम्म परमेश्वरले हामीलाई जिउँदो राख्नुहुन्छ तबसम्म हामी एकअर्काप्रति विश्वासयोग्य हुनेछौं । आजसम्म पनि हामीले गरेको प्रतिज्ञाले हामी एकअर्काप्रति बफादारी हुनुपर्छ भन्ने कुरालाई स्मरण गराइरहन्छ र हामीले गरेको प्रतिज्ञाको गवाही बस्नेहरूप्रति पनि जवाफदेही हुनुपर्छ भन्ने कुरालाई स्मरण गराइरहन्छ ।

बप्तिस्मा र प्रभु-भोजले पनि चर्चमा यसरी नै काम गर्दछ। बप्तिस्माद्वारा एक विश्वासीले सार्वजनिक रूपमा येशू र उहाँको मानिसहरूप्रति आफ्नो भक्तिको घोषणा गर्दछ। प्रभु-भोजद्वारा हामीले येशूको मृत्यु, पुनरुत्थान, र पुनरागमनको स्मरण गर्दै आफ्ना भक्तिको करारलाई नवीकरण गर्दछौं । हामीले बप्तिस्मा र प्रभु-भोजको बारेमा विस्तृत कुरा गर्नुभन्दा अघि पवित्र विधिको बारेमा केही महत्वपूर्ण प्रश्नहरू गर्नुपर्दछ ।

पवित्र विधिहरूको अवधारणा कसले थालनी गरेको हो ?

येशू ख्रीष्टले बप्तिस्मा र प्रभु-भोजको स्थापना गर्नुभएको हो । तिनीहरू कुनै सामान्य प्रकारका धार्मिक रीतिथितिहरू होइनन्

जसको चाह ख्रीष्टियानहरूले गरेका थिए, तर तिनीहरू त ईश्वरद्वारा नै नियुक्त गरिएका चिन्हहरू हुन् जसले चर्च र नियाली रहेको संसार दुवैलाई सेवा पुऱ्याउँछ ।

येशूले यी विधिहरू कसलाई दिनुभयो ?

येशूले यी विधिहरू आफ्नो चर्चलाई दिनुभयो । मत्ती १६:१८-१९ र १८:१८-१९ मा येशूले आफ्नो अख्तियारको साँचाहरू उहाँको तर्फबाट बोल्न र कार्यहरू गर्न चर्चलाई दिनुभयो । यसको अर्थ चर्चले मानिसहरूलाई बचाउँछ भन्ने होइन, तर तिनीहरूसँग येशूलाई प्रस्तुत गर्ने अधिकार छ भन्ने हो ।

व्यावहारिक रूपमा यसको अर्थ के हो ?

यसको अर्थ यो हो कि स्थानीय चर्चहरूले निर्धक्क भएर यो भन्न सक्छन् कि यदि कुनै व्यक्तिले वास्तवमा नै पश्चात्ताप गर्दै येशूमा विश्वास गर्दछ भने उसको पाप क्षमा हुनेछ । त्यसैले कोही व्यक्ति ख्रीष्टमा आउँदा, चर्चले उसलाई बप्तिस्मा दिन्छ किनकि नयाँ विश्वासीहरूमा चिन्हको रूपमा बप्तिस्माको विधिलाई सञ्चालन गर्ने अधिकार केवल चर्चलाई मात्र दिइएको छ । त्यसैगरी चर्चलाई मात्र प्रभु-भोजको विधि विश्वासीहरूमा सञ्चालन गर्न अधिकार दिइएको छ । अनि जसै चर्चहरूले बप्तिस्मा र प्रभु-भोज सञ्चालन गर्दछन्, त्यसै उनीहरूले प्रेमपूर्वक को येशूसँग उचित तरिकाले उभिएका छन् र को छैनन् भनी छुट्याउने रेखा कोर्नेछन् ।

चित्रण

म फुटबलको ठूलो प्रशंसक हुँ । २०१४ को विश्वकपको अन्तिम खेल थियो । साथीहरूसँग मिलेर टोलको चोकमा प्रोजेक्टरमा खेल हेर्न गयौं । म जर्मनीको समर्थक थिएँ र जर्मनी कै जर्सी लगाएर गएको दिएँ । साथीहरू पनि मजस्तै कोही जर्मनीलाई समर्थन जनाउँदै उसकै जर्सी लगाएर गएका थिए भने कोही अर्जेन्टिनाको जर्सी लगाएर उसैलाई समर्थन गर्न गएका थिए । हो-हो, हा-हा भयो । जर्मनीले गोल हान भन्दै चिच्याइयो । अर्जेन्टिनाले गोल हान भन्दै अर्को समूह करायो ।

अन्तिममा एक गोल गर्दै जर्मनीले त्यो शृङ्खलाको विश्वकप जित्यो । हामीले विजयमा चर्को स्वर गऱ्यौं । अर्जेन्टिनाका समर्थकहरूलाई रिस उठेछ । भनाभन भयो । घरबाट मिलेर सँगै गएका साथीहरूबीच हात हालाहाल नै भयो । मुस्किलले स्थिति साम्य पाऱ्यौं ।

हाम्रो जर्सीहरूले हामीलाई भिन्न पार्छ । हामी कसको पक्षमा छौं भन्ने जर्सीले प्रष्टसँग देखाउँछ । बप्तिस्मा र प्रभु-भोजले पनि ठ्याक्कै त्यस्तै गर्दछ । यसले हामीलाई प्रष्टै अलग्याउँछ र हामी येशूसँग सम्बन्धित छौं भनी देखाउँछ । तिनीहरूले आम रूपमा यसो भन्छन् कि, 'म येशूको हुँ भनी संसारलाई भन्नमा ममा कुनै लाज छैन' (मत्ती १०:३२-३३) ।

येशूले किन बप्तिस्मा र प्रभु-भोज दिनुभयो ?

परमेश्वरले आफ्ना मानिसहरूसँग सम्बन्धित हुने प्रतिज्ञा गर्नुहुन्छ । जब परमेश्वरले त्यस्ता प्रतिज्ञाहरू गर्नुहुन्छ, तब उहाँले स्मरणको लागि एउटा शारीरिक चिन्ह पनि दिनुहुन्छ ।

परमेश्वरले नोआलाई इन्देणी दिनुभयो,
अब्राहामलाई खतनाको चिन्ह दिनुभयो,
मोशालाई शबाथको चिन्ह, र
दाऊदलाई सिंहासनको चिन्ह दिनुभयो ।

जब येशू आउनुभयो तब उहाँले परमेश्वरले त्योभन्दा अघि गर्नुभएको सबै करारलाई पूरा गर्नुभयो र नयाँ करार स्थापना गर्नुभयो (हिब्रू १०:१-१८) । नयाँ करारमा परमेश्वरले के प्रतिज्ञा गर्नुभयो ? यसलाई सुन्नुहोस्-

मुख्य पद *परमप्रभु भन्नुहुन्छ "ती दिन आउनेछन्, जब इस्राएलको घरानासँग र यहूदाको घरानासँग म एउटा नयाँ करार स्थापना गर्नेछु । तिनीहरूका पुर्खाहरूसँग मैले बाँधेको करारजस्तै यो हुनेछैन, जब मैले तिनीहरूलाई हातमा समातेर मिश्रदेशबाट डोऱ्याएर ल्याएको थिएँ ।" परमप्रभु भन्नुहुन्छ, "तिनीहरूले मेरो करार भङ्ग गरे, यद्यपि म तिनीहरूका पिता थिएँ ।" परमप्रभु भन्नुहुन्छ, "ती दिनपछि म इस्राएलको घरानासँग यो करार बाँध्नेछु, तिनीहरूका मनमा मेरो*

व्यवस्था राखिदिनेछु, र तिनीहरूका हृदयमा त्यो लेखिदिनेछु, र म तिनीहरूका परमेश्वर हुनेछु, र तिनीहरू मेरा प्रजा हुनेछन् ।"....
"किनकि तिनीहरूका अपराधहरू म क्षमा गर्नेछु, र म तिनीहरूका पाप फेरि कहिल्यै सम्झनेछैन" (यर ३१:३१-३४) ।

नयाँ करारमा हाम्रा हृदयहरू परमेश्वरको आत्माद्वारा खतना गरिन्छन् (रोम २:२९; कल २:१०-१२),

उहाँको नियमहरू हाम्रा हृदयहरूमा लेखिएका हुन्छन् (हिब्रू १०:१६), हाम्रा पापहरू धोइएका हुन्छन्, र आत्मिक रूपमा मरेका हाम्रा हृदयहरू परमेश्वरलाई प्रेम गर्ने हृदयहरूद्वारा प्रतिस्थापित गरिएका हुन्छन् (इज ३६:२५-२६) ।

जब एक व्यक्ति नयाँ गरी जन्माइन्छ र येशूतिर फर्किन्छ, तब उसलाई नयाँ करारको समुदायमा सहभागी गराइन्छ । बप्तिस्मा र प्रभु-भोजले यस करारको चिन्हहरूको रूपमा काम गर्दछन् । यी चिन्हहरूको अभ्यासले हामीलाई नयाँ करारमा ल्याउँदैनन्, तर यसको अभ्यासले पापको निम्ति हामी मरेको र ख्रीष्टसँगै पुनरुत्थान भएको कुराको साथसाथै उहाँसँगको हाम्रो निरन्तरताको सङ्गतिको चित्रण गर्दछन् ।

उमङ्ग

प्रकाशसँग भएको कुराकानीबाट उमङ्ग अघि देखि नै उत्साहित थियो । परमेश्वरले उसका पापहरूको क्षमा दिनुहुन्छ र तिनीहरूलाई कहिल्यै पनि सम्झनु हुन्न भन्ने कुरा थाहा पाउँदा ऊ निक्कै खुसी थियो । तर करारको कुरा गर्दा उसलाई केही नबुझेको जस्तो भयो । त्यसैले बप्तिस्माको बारेमा अझ बयान गर्न प्रकाशलाई आग्रह गऱ्यो ।

बप्तिस्मा

मुख्य पद *तब येशू तिनीहरूकहाँ आएर भन्नुभयो, "स्वर्ग र पृथ्वीमा समस्त अधिकार मलाई दिइएको छ । यसकारण जाओ, र सबै देशका जातिहरूलाई चेला बनाओ, पिता र पुत्र र पवित्र आत्माको नाउँमा तिनीहरूलाई बप्तिस्मा देओ, मैले तिमीहरूलाई आज्ञा गरेा सबै कुरा*

पालन गर्न तिनीहरूलाई सिकाओ । हेर, म युगको अन्त्यसम्म सधैँ तिमीहरूका साथमा छु" (मत्ती २८:१८-२०) ।

स्वर्गारोहण हुनुभन्दा अघि येशूले आफ्ना चेलाहरूलाई आफू फर्केर नआएसम्म हरेक देशका जातिहरूलाई चेलाहरू बनाउन आज्ञा दिनुभयो (पाठ ९ हेर्नुहोस्) । जब कोही आफ्ना पापहरूको पश्चात्ताप गर्दै र येशूमाथि विश्वास गर्दै चेला बन्छ, तब उसलाई बप्तिस्मा दिइनुपर्छ । यसैकारण, बप्तिस्मा लिन हरेक ख्रीष्टियानहरूलाई आज्ञा गरिएको छ, र यो हरेक स्थानीय चर्चले सञ्चालन गर्नैपर्छ ।

येशूले चर्चलाई नयाँ विश्वासीहरूलाई संसारको अघि येशूमाथि गरेको विश्वासको स्वीकार सार्वजनिक गराउनलाई आज्ञा गर्नुहुन्छ । जब चर्चबाट कोहीले नयाँ विश्वासीलाई बप्तिस्मा दिन्छन् तब उनीहरूले सम्पूर्ण चर्चको नै प्रतिनिधि गर्दै यसो भन्छन्, "तपाईं (नयाँ विश्वासी) को जीवनमा भएको परमेश्वरको उद्धारको कामलाई हामी घोषणा गर्दछौँ र येशूलाई पछ्याउन तपाईंलाई हामी मद्दत गर्नेछौँ र तपाईंले पनि हामीलाई येशू पछ्याउन सहायता गर्नुहुनेछ भनी अपेक्षा गर्दछौँ ।"

एक जना साथीले भनेजस्तै बप्तिस्मा भनेको तपाईंको विश्वासलाई सार्वजनिक रूपमा घोषणा गर्नु हो ।

यो एउटा माध्यम हो जसद्वारा नयाँ विश्वासीले चर्चलाई यसो भन्छ, "म येशूसँग एक भएको छु । जसै येशू मेरो पापको लागि मर्नुभयो, त्यसै म पनि मेरो पापको लागि मरेको छु र अब उप्रान्त उहाँको लागि जिउँनेछु ।"

यसरी, बप्तिस्मा आत्मिक वास्तविकताको शारीरिक दृश्य हो, जसले विश्वासद्वारा हामी येशूमा एक हुँदा के हुन्छ भन्ने कुराको चित्रण गर्दछ ।

चित्रण

तपाईंलाई थाहा छ अचार कसरी अचार बन्छ ? यदि तपाईंले काँक्रालाई मसलाहरूसँग मोल्नुभयो भने त्यसले मसलाहरूमा भएको नुन र कागतीलाई सोस्छ र बेसार र अरू मसलाहरूसँग सराबरी हुन्छ । यसको मतलब काँक्राले मसलाहरूको गुणहरूलाई लिन्छ र

मसलाहरूसँग यसरी एक भएको हुन्छ कि त्यसलाई छुट्याउनै सकिँदैन तर नयाँ थोकमा रूपान्तरण हुन्छ ।

अचार बन्ने प्रक्रिया बप्तिस्माको समयमा आत्मिक रूपमा के हुन्छ भन्ने कुराको राम्रो चित्रण हो । गलाती ३:२७ ले यो बताउँछ कि विश्वासद्वारा हामी येशूसँग एक भएका छौं: 'तिमीहरूमध्ये जतिको खीष्टमा बप्तिस्मा भयो, तिमीहरू सबैले खीष्टलाई धारण गरेका छौ ।' उहाँसँग भएको एकताले हामीलाई परमेश्वरको विरोधी र आत्मिक रूपमा मरेकाबाट परमेश्वरको जीवित सन्तानहरूमा रूपान्तरण गर्दछ, जो पहिले प्रेम गरेको पापबाट भाग्छन् । रोमी ६ ले यो वास्तविकतालाई सुन्दर तरिकाले बयान गर्दछ ।

मुख्य पद *यसकारण बप्तिस्माद्वारा हामी मृत्युमा उहाँसँगै गाडियौं, ताकि जसरी पिताको महिमाद्वारा खीष्ट मरेकाहरूबाट जीवित पारिनुभयो, त्यसरी हामी पनि नयाँ जीवनको मार्गमा हिँडौं । यदि उहाँको मृत्युमा हामी उहाँसँग एउटै भएका छौं भने, उहाँको पुनरुत्थानमा पनि निश्चय नै हामी उहाँसँगै एक हुनेछौं । हामी जान्दछौं कि हाम्रो पुरानो मनुष्यत्व उहाँसँग क्रूसमा टाँगियो, ताकि हाम्रो पापमय शरीर नाश होस्, र अब उसो हामी पापका कमारा नहोऔं* (रोम ६:४-५) ।

यो खण्डले हामीलाई कथाको पृष्ठभूमिमा भएको कथा प्रस्तुत गर्दछ । जब कोही विश्वासद्वारा येशूमा एक हुन्छन्, तब येशूको सबै सत्यता तिनीहरूको पनि सत्यता बन्न पुग्छ । उहाँको मृत्यु तिनीहरूको पापको खातिर मृत्यु हुन्छ । उहाँको पुनरुत्थान तिनीहरूको अनन्त जीवन बन्नपुग्छ ।

येशूसँग एक हुँदा तिनीहरू सदाको निम्ति परिवर्तन हुन्छन् ।

सरल भाषामा भन्नुपर्दा, पानीको बप्तिस्मा आत्मिक बप्तिस्माको चित्र हो जसले हामीलाई येशूसँग मात्र एक गराउँदैन, तर उहाँको शरीर अर्थात् चर्चसँग पनि एक गराउँछ । १ कोर १२:१३ ले भन्छ कि, *'एउटै पवित्र आत्माद्वारा हामी सबैले एउटै शरीरमा बप्तिस्मा पाएका छौँ- यहूदी वा ग्रीक, कमारो वा फुक्का, हामी सबैलाई एउटै पवित्र आत्माबाट पिउन दिइयो ।'* पवित्र आत्माले हामीलाई येशूमा

विश्वास गर्ने हृदय दिनुहुन्छ, जसले हामीलाई उहाँसँग र उहाँको शरीर अर्थात् चर्चसँग एक बनाउँछ ।

उमङ्ग

अनि प्रकाशले उमङ्गलाई भन्यो, "यदि तिमीले बप्तिस्मा लिन्छौ भने तिमीले चर्च र संसारलाई यो घोषणा गर्दै छौ कि तिमीले येशूलाई पछ्याउँदै छौ र तिमीले हामीलाई येशूलाई पछ्याउन सहायता गर्दैछौ र हामी पनि तिमीलाई सहायता गर्दछौं ।" प्रकाशले भनेको सबै कुरा उमङ्गले पत्यायो । अनि येशूले कसरी उसको जीवन रूपान्तरण गर्नुभयो त्यसको बारेका सबैलाई बताउने चाह पनि व्यक्त गऱ्यो । केहीबेर कुराकानी गरिसकेपछि पनि उमङ्गमा केही प्रश्नहरू भने आइरहेको थियो ।

मैले कहाँ बप्तिस्मा लिनुपर्छ ?

तपाईंले बप्तिस्मा लिएको गवाही बन्न आएकाहरू कोको छन् भन्ने कुरा जति तपाईंले बप्तिस्मा लिने ठाउँ महत्वपूर्ण छैन । बप्तिस्मा त्यस्तो ठाउँ र समयमा गरिनुपर्दछ जहाँ सारा चर्च भेला हुन सक्छन् । त्यसैले चर्चमा नै पोखरी बनाएर, खोलामा गएर वा समुन्द्रमा नै पनि गएर बप्तिस्मा लिन सकिन्छ । बप्तिस्मा कहाँ लिने भन्दा पनि बप्तिस्माको बेला चर्च उपस्थित छ कि छैन भन्ने कुरा महत्वपूर्ण छ ।

मलाई कसले बप्तिस्मा दिनुपर्छ ?

यसको बारेमा बाइबलले प्रष्ट आदेश दिँदैन । केही चर्चहरूले सबै विश्वासीको पूजाहारीगिरीको अवधारणालाई उदृत गर्दै जो कोहीलाई पनि बप्तिस्मा दिने अधिकार दिन्छन् (१ पत्र २:४-९) । तर अरू चर्चहरूले एल्डर वा पास्टरहरूले सारा चर्चको प्रतिनिधि गर्दै बप्तिस्मा दिएको चाहन्छन् । जबसम्म तपाईंको बप्तिस्मा येशूको साँचो सुसमाचारसँग मेल खाँदै गरिएको हुन्छ, तबसम्म यसले येशूसँग तपाईंको एकता भएको कुरा चित्रण गर्दछ ।

के बप्तिस्मा लिने सही तरिका छ त ?

बप्तिस्माको ठेट अर्थ भनेको डुबाउनु हो । रोमी ६ ले मरेको र फेरि जीवित भएको चित्रण गर्दछ । र नयाँ करारमा जहाँजहाँ

बप्तिस्माको कुरा गरिएको छ, सबै ठाउँमा पानीमा डुबेको र उठेको चित्रण गर्दछ (मर्क १:१०; प्रे ८:३८) ।

यी कारणहरूले हामीलाई डुबाउ बप्तिस्मा नै बप्तिस्माको उचित माध्यम हो भन्नलाई विश्वास गर्न अभिप्रेरित गर्दछ ।

केही चर्चहरूले पवित्र आत्माको खन्याइलाई इङ्गित गर्दै पानी खन्याएर पनि बप्तिस्मा दिने गर्दछन् (प्रे २:१७, ३३; १०:४५-४८), त केही चर्चहरूले हाम्रो पापको लागि छर्किएको ख्रीष्टको रगतको चिन्हको रूपमा छड्काएर बप्तिस्मा दिने पनि गर्दछन् (हिब्रू ९:१९-२२; १०:२२; १२:२४; १ पत्र १:२) । हाम्रो चर्चले यी माध्यमहरूको प्रयोग नगरे तापनि साँचो विश्वासीहरूको लागि ती ग्रहण योग्य माध्यमहरू हुन् ।

के बप्तिस्माले तपाईंलाई तपाईंको पापहरूबाट बचाउँछन् त ?

पानीको बप्तिस्माले नभई येशूसँगको एकताले मानिसलाई बचाउँछ । १ पत्र ३:२१ मा प्रेरित पत्रुसले यसो भन्छन्, *'यही पानी बप्तिस्माको एउटा रूप हो, जसले तिमीहरूलाई बचाउँछ । यो शरीरको मैला हटाएजस्तो होइन, तर शुद्ध विवेकको निम्ति परमेश्वरतर्फको एउटा प्रतिज्ञा हो । यसले मृतकबाट भएको येशू ख्रीष्टको पुनरुत्थानद्वारा तिमीहरूलाई बचाउँदछ ।'* पत्रुसले यो बयान गर्दछन् कि बाह्य धुवाईले कसैलाई पनि परमेश्वरको अघि धर्मी ठहऱ्याउन सक्दैन । तर तपाईंलाई बचाउने एउटै मात्र कुरा भनेको पुनरुत्थान हुनुभएको येशूमा तपाईंको पापहरू क्षमा भएका छन् भनी भरोसा राखेको छु भनी परमेश्वर सम्मुख तपाईंले चढाउनुभएको बिन्ती हो ।

के शिशुहरूलाई बप्तिस्मा दिइनुपर्दछ ?

केही ख्रीष्टियान परम्पराहरूले शिशुहरूलाई पानी छर्किएर, खन्याइएर वा डुबाएर पनि बप्तिस्मा दिने गर्दछन् । बालबालिकाहरू पनि स्वर्गको भागिदार छन् भन्ने सुसमाचारको प्रतिज्ञा अनुरूप नै उनीहरूले यसो गर्दछन् । यो कुरा उचित कारणको लागि गरिए तापनि येशूले चर्चलाई सम्भावित चेलाहरू नभई वास्तविक चेलाहरूलाई

बप्तिस्मा देओ भनी आज्ञा गर्नु भएको छ (मत्ती २८:१९)।

बप्तिस्मा तिनीहरूको लागि हो, जो आफ्ना हृदयमा खतना भएका छन् (कल २:१०-१२) र पश्चात्ताप गरी येशूमा विश्वास गर्दछन् (प्रे २:३८)।

शिशुहरूले सचेत रूपमा ख्रीष्टमा भरोसा गर्न नसक्ने भएकाले बप्तिस चर्चहरूले उनीहरूलाई नयाँ करारको चिन्ह दिनुहुन्न भनी विश्वास गर्दछन्। यदि तपाईंले शिशुको रुपमा बप्तिस्मा लिनुभएको थियो भने हामी तपाईंलाई अब एक विश्वासीको रुपमा बप्तिस्मा लिन प्रोत्साहन दिदछौं। यसो गर्नु दोस्रो पटक बप्तिस्मा लिनु होइन तर साँचो रुपमा पहिलो पटक बप्तिस्मा लिनु हो। तर अर्को तर्फ प्रेस्बिटेरियन चर्चहरूले आफ्ना शिशुहरूलाई बप्तिस्मा दिन्छन् किनकि तिनीहरूले ख्रीष्टियान अभिभावकहरूसँग भएको नयाँ करारको प्रतिज्ञा उनीहरूका छोराछोरीहरूमा पनि बिस्तार गरिएको हुन्छ भनी विश्वास गर्दछन्। यसैले बप्तिस्माको यो चिन्ह शिशुहरूमा पनि लगाउनु करारको माग हो। कुनै शिशुको एक पटक बप्तिस्मा भएपछि ख्रीष्टमा विश्वासमा आउनका लागि उसले दोस्रो पटक बप्तिस्मा लिइरहनुपर्दैन।

के मैले बप्तिस्मा लिएको हेर्न मानिसहरूलाई बोलाउन सक्छु?

निश्चय नै! वास्तवमा बप्तिस्मा एउटा यस्तो उचित अवसर हो, जहाँ तपाईंले विश्वास नगर्ने आफ्ना साथीभाइ, परिवार र सहकर्मीहरूलाई निमन्त्रण गरि उहाँहरूलाई कसरी येशूले तपाईंको जीवन परिवर्तन गर्नुभयो र उहाँहरूको पनि गर्न सक्नुहुन्छ भनी गवाही दिन सक्नुहुन्छ।

रोकिनुहोस्

यस अध्ययनमा तपाईंले बप्तिस्माको बारेमा के नयाँ कुरा सिक्नुभयो ? यदि हो भने, त्यसले तपाईंलाई कसरी प्रभाव पाऱ्यो ?
तपाईंको विचारमा स्थानीय चर्चमा बप्तिस्मा लिनु एक विश्वासीको लागि किन महत्वपूर्ण छ ?

उमङ्ग

प्रकाशसँगको बातचित पछि उमङ्ग बप्तिस्मा लिन तयार थियो । तर उसमा प्रभु-भोज सम्बन्धी प्रश्नहरू थिए । तर प्रकाशले उसलाई यसको बारेमा प्रतीक्षा गर्न सल्लाह दियो । तर उमङ्गलाई प्रभु-भोजमा सहभागी हुन उकुसमुकुस भइसकेको थियो । त्यसैले उसले प्रभु-भोजको बारेमा पनि जान्न जोड गऱ्यो ।

प्रभुभोज

मुख्य पद *किनभने जहिले-जहिले तिमीहरू यो रोटी खान्छौ र यस कचौराबाट पिउँछौ, उहाँ नआउन्जेल तिमीहरू प्रभुका मृत्युको घोषणा गदएछौ (१ कोर ११:२६) ।*

आफूले धोका पाएको रात येशूले आफ्ना चेलाहरूसँग निस्तार चाड मनाउनु भएको थियो (लूक २२:१४-२३) । यस भोजले मिश्र देशको दासत्वबाट इस्राएलीहरूलाई परमेश्वरले निष्खोट थुमाको बलि र त्यसको रगत तिनीहरूको घरमा पोतेर गरिएको कार्यद्वारा छुटकारा दिनुभएको स्मरण गराउँथ्यो । त्यसबेला परमेश्वरले यो प्रतिज्ञा गर्नुभएको थियो कि जजसले विश्वासद्वारा थुमाको रगत मुनि लुक्छन् तिनीहरू आउने न्यायबाट बाँच्नेछन् ।

परमेश्वरले आफ्नो वचन पूरा गर्नुभयो । अनाज्ञाकारी सबै माथि मृत्यु छायो, र आज्ञाकारीहरूमाथि कृपा । निस्तारपछि परमेश्वरले आश्चर्यपूर्वक इस्राएललाई रातो समुद्रबाट डोऱ्याएर प्रतिज्ञा गरेको देशमा लग्नुभयो ।

त्यसबेला येशूका चेलाहरूले यो बुझ्न सकेका थिएनन् कि येशूको हुनै लागेको मृत्यु र पुनरुत्थानले अझ उच्च निस्तार चाडको काम गर्दथ्यो जसले तिनीहरूलाई आफ्ना पापदेखि प्रस्थान गराउँथ्यो

(१ कोर ५:७) । जसै उनीहरूले बसे, येशूले रोटी लिनुभयो, धन्यवाद दिनुभयो, भाँच्नु भयो र यसो भन्दै चेलाहरूलाई दिनुभयो, *"यो मेरो शरीर हो, जुन तिमीहरूको निम्ति दिइएको छ । मेरो सम्झनामा गर्ने गर"* (लूक २२:१९) । त्यसपछि उहाँले दाखमद्यको कचौरा लिएर यसो भन्नुभयो, *"यो कचौरा तिमीहरूका निम्ति बगाइएको मेरो रगतमा स्थापित गरिने नयाँ करार हो"* (लूक २२:१९-२०) । जसै उहाँले यी तत्वहरू बाँड्नुभयो, येशूले एउटा विधिको स्थापना गर्नुभयो जसलाई उहाँको चर्चले उहाँको आगमन नभएसम्म सञ्चालन गर्नुपर्दछ । र हामीले यसको उत्सव उहाँसँगै सदाको निम्ति गर्नेछौं (लूक २२:१८; यशै २५) । आज जबजब चर्च भेला हुन्छ र यो विधिमा सहभागी हुन्छन् तब उहाँ नआएसम्म हाम्रो प्रभुको मृत्युको घोषणा गर्दछौं (१ कोर ११:२६) ।

चित्रण

मैले विवाहको औंठी लगाइरहेको छु जुन मैले विवाहको दिन मेरो श्रीमतीबाट पाएको थिएँ । हामीले करार साटे पछि हाम्रो प्रेमको चिन्ह स्वरूप औंठीहरू साटेका थियौं । औंठी मेरो विवाह होइन, न त यसले मेरो विवाह नै सम्पन्न गऱ्यो, तर यसले मेरो विवाहलाई इङ्गित गर्ने काम गर्दछ । यसले सबैलाई यही भन्छ कि, "यो पुरुष आफ्नी पत्नीसँग विवाहको करारमा रहेर समर्पित छ ।" यसैगरी प्रभु-भोजले येशूसँग हाम्रो सम्बन्ध स्थापना गरेको होइन । तर यसले येशूसँग भएको विश्वासीहरूको सम्बन्धलाई प्रतिनिधि गर्दछ । रोटी र दाखमद्यले हाम्रो पाप क्षमाको निम्ति येशूको तोडिएको शरीर र बहाइएको रगतलाई जनाउँछ (मत्ती २६:२६-२९) ।

वास्तवमा भन्ने हो भने, रोटी र दाखमद्यलाई त्यसै लिँदा हाम्रो पेटले केही आहार मात्र पाउँछ । तर जब हामीले यी तत्वहरूलाई विश्वासद्वारा र वचनअनुसार ग्रहण गर्दछौं तब यसले सुसमाचारको सत्यतालाई चित्रण गर्ने काम गर्दछ, जसले हामीलाई अद्भूत तरिकाले येशूसँग सहभागी हुन मद्दत गर्दछ ।

वास्तवमा, प्रभु-भोजलाई जनाउन सहभागिता शब्द पनि अक्सर प्रयोग गर्ने गरिन्छ । यो सान्दर्भिक पनि छ किनकि यस

भोजद्वारा हामीले येशूलाई पछ्याउने वाचालाई नवीकरण गर्दछौं साथै विश्वासद्वारा र अरू विश्वासीहरूसँग भएको हाम्रो सङ्गतिद्वारा प्रभुसँग सङ्गति गर्ने चाहना पनि जाहेर गर्दछौं (१ कोर १०:१६-१७, ११:१७-२२) ।

उमङ्ग

प्रकाशले प्रभु-भोजको बारेमा यसरी बयान गर्दा उमङ्ग प्रष्ट भयो र येशूले आफ्नो चर्चको लागि यस्तो महत्वपूर्ण चिन्ह छोड्नु भएकोमा चकित भयो । मनमा लागेको केही कुरा उमङ्गले सोध्यो, “के तपाईं मलाई भन्न सक्नुहुन्छ कि मैले प्रभु-भोजमा सहभागी हुन ठीक छ कि छैन ?” प्रकाशले यो बुझ्यो कि उमङ्गलाई प्रभु-भोजमा सहभागी हुन आतुरी छ । त्यसैले उसले प्रभु-भोजको बारेमा अझ बताउन थाल्यो ।

प्रभु-भोज निमन्त्रणा र *चेतावनी* दुवैको साथ सञ्चालन गरिनुपर्दछ ।

प्रभुले पापीहरूलाई आफ्नो टेबलमा *स्वागत* गर्नुहुन्छ ।

आफ्नो सेवाको दौरानमा येशू पापीहरूको मित्र हुनुहुन्थ्यो र आज पनि उहाँ हुनुहुन्छ (मत्ती ११:१९) । चर्चले सिद्ध मानिसहरूको भेलामा प्रभु-भोज सञ्चालन गर्दैन तर त्यहाँ भएका आगन्तुकहरूको सूचीमा पापीहरू पनि पर्दछन् । यस प्रकाशको आधारमा हामीले *‘परमेश्वरका महिमाको निम्ति ख्रीष्टले हामीलाई ग्रहण गर्नु भएबमोजिम हामीले पनि एउटाले अर्कालाई ग्रहण गर्नुपर्दछ’* (रोम १५:७) ।

तरै पनि, प्रभुको टेबललाई सुरक्षा गर्ने जिम्मेवारी चर्चलाई दिइएको छ ।

परमेश्वरको महिमा गर्न र मानिसहरूको सुरक्षा गर्न यो गरिनुपर्दछ । हामीले यो देख्नेछौं कि यो भोजको चिन्हहरूले केही महत्वपूर्ण कुराहरूको इङ्गित गर्दछ । त्यसले अयोग्य रीतले खाने सबै माथि परमेश्वरले आफ्नो न्याय खन्याउनु हुन्छ । कोरिन्थीको चर्चलाई प्रेरित पावलले दिएको चेतावनीलाई सुन्नुहोस्-

मुख्य पद *मण्डलीमा एकसाथ भेला हुँदा तिमीहरूमा फाटो हुन्छ भन्ने म सुन्दछु... तिमीहरू एकसाथ भेला भएर खानपान गरेको चाहिँ प्रभुभोज होइन । किनकि खान बस्दा हरेकले आफ्नो भोजन खान थाल्छ, र कोही भोकै रहन्छ, अनि कोहीचाहिँ मद्यले मातेको हुन्छ... के तिमीहरू परमेश्वरको मण्डलीलाई तुच्छ ठान्छौ र केही नहुनेहरूको अपमान गर्दैछौ ?... के यसको निम्ति म तिमीहरूको प्रशंसा गरूँ ? कदाचित् गर्दिनँ... यसकारण जसले अयोग्य रीतिले प्रभुको रोटी खान्छ, कि प्रभुको कचौराबाट पिउँछ, त्यो मानिस प्रभुको शरीर र रगतलाई अपवित्र तुल्याएकोमा दोषी ठहरिनेछ । हरेक मानिसले आफूलाई जाँचोस्, अनि मात्र त्यसले रोटी खाओस्, र कचौराबाट पिओस् । किनकि प्रभुको शरीरलाई नचिनिकन जसले खान्छ र पिउँछ त्यसले त्यो खाएको र पिएको कारणले आफूमाथि दण्ड ल्याउनेछ । यसैकारण तिमीहरूमध्ये धेरै जना दुर्बल र रोगी छौ, र कति जनाचाहिँ मरिरकेका छन्* (१ कोर ११:१८-३०) ।

कोरिन्थीको चर्चमा केही विश्वासीहरू प्रभुको टेबलमा यस्तो हर्कत सहित आएका थिए कि तिनीहरूलाई कडा अनुशासनमा राख्नुपरेको थियो ।

मानिसहरूले आफ्नो पापलाई काखीमा च्यापेर प्रभु-भोज लिइरहेका थिए । यस्तो गर्ने काम प्रभुको नाउँलाई व्यर्थैमा लिने माध्यम हो, जसले न्याय निम्त्याउँथ्यो । हामीले धर्मशास्त्रलाई नियाल्ने क्रममा कुनै व्यक्तिले प्रभुको नाउँ व्यर्थैमा नलिनका लागि प्रभु-भोज नखाने चार कारणहरू पाउँछौं ।

अ. विश्वास नगर्नेहरूले लिनुहुन्न – किनकि येशूलाई विश्वास नगरी प्रभु-भोजमा सहभागी हुनु भनेको येशूको शरीर र रगतको खिल्ली उडाउनु हो, जसलाई प्रभु-भोजको तत्वहरूले प्रतिनिधि गर्दछन् ।

आ. अपश्चात्तापीहरूले लिनुहुन्न – किनकि येशूमाथि विश्वास गर्ने तर पश्चात्ताप नगरिएको पापमा जिउने यसमा सहभागी हुनु भनेको पनि ख्रीष्टले हाम्रो निम्ति गर्नुभएको सबै कार्यको खिल्ली उडाउनु हो ।

इ. समर्पित नभएकाहरूले पनि लिनुहुन्छ – येशूले हामीलाई उहाँमा एक गराउनका निम्ति सार्वजनिक रूपमा रगत बगाउनुभयो। त्यसैले हामीले पनि सार्वजनिक रूपमा नै बप्तिस्मा लिएर उहाँको टेबलमा अरू विश्वासीहरूसँग एक हुँदै सहभागी हुनुपर्दछ । बप्तिस्मापछि मात्र प्रभु-भोज लिने कुरा विश्वासीहरू बीच एक विवादित विषय हुन सक्छ तर धर्मशास्त्र र ख्रीष्टियान इतिहासलाई हेर्दा बप्तिस्मा लिएको व्यक्तिले मात्र प्रभु-भोजमा सहभागी हुने कुरा अझ सान्दर्भिक देखिन्छ ।

ई. अनुमति नदिइँदा लिनुहुन्न – धेरै सन्दर्भमा चर्चमा अनुशासनमा राखिएका विश्वासीहरूले पहिले चर्चसँग पुनर्मिलन नभएसम्म प्रभु-भोज लिनुहुँदैन ।

हाम्रो चर्चमा कुनै व्यक्ति यी चार वर्गमध्ये एउटामा पर्छन् भने तिनीहरूलाई हाम्रो घरमा हुने प्रीतिभोजमा सहभागी गराउँछौं तर जब समय प्रभु-भोजको हुन्छ तब हामी प्रभु-भोजमा सहभागी हुने क्रममा तिनीहरूलाई चाहिँ आफ्ना पापहरूको बारेमा विचार गर्न, पश्चात्ताप गर्न र पुनर्मिलन खोज्नलाई उत्साह दिन्छौं ।

यो कुरा अलिक कडा लागे तापनि, आफ्नो धारणा प्रष्ट पार्न येशूले पवित्र विधिहरूको प्रयोग गर्नुभएको छ र यसो भन्नुहुन्छ, *"जो मसँग छैन त्यो मेरो विरुद्ध छ"* (मत्ती १२:३०) ।

चित्रण

एक शनिबार, एउटी जवान बहिनी रूपा हाम्रो चर्चमा आइन् । उनको एक जना साथीले येशूको बारेमा सुसमाचार सुनाएको रहेछ र चर्च जानलाई आग्रह पनि गरेको रहेछ । सेवाको अन्त्यमा जब चर्च प्रभु-भोजको लागि तयारी भयो तब पास्टरले प्रभु-भोज कसले लिनुहुन्छ र कसले हुँदैन र किन हुँदैन भनी बताउनुभयो ।

त्यसको केही दिनपछि घरेलु सङ्गतिमा उसलाई फेरि भेटियो । त्यसबेला उनले भनिन् कि उसको साथीले सुनाएको सुसमाचार र चर्च सेवाद्वारा सञ्चारित सुसमाचारलाई उनले अझ प्रभु-भोजको रोटी र दाखमद्य बाँडेको बेला प्रष्टसँग बुझिन् । प्रभु-भोजमा सहभागी

हुन नपाउँदा उनले परमेश्वरसँग आफ्नो सम्बन्ध टुटेको र उनी परमेश्वरको मानिसहरू भन्दा बाहिर रहेको थाहा गरिन । त्यसबेला उसलाई थाहा भयो कि येशूले उनलाई उहाँको चर्चमा लगेको उनी चाहन्छिन् ।

उमङ्ग

आफू बप्तिस्मा लिन चाहन्छु भन्ने कुरामा उमङ्गलाई कुनै शंका थिएन । साथै चर्चको अरू विश्वासीहरूसँग मिलेर प्रभु-भोजमा सहभागी हुने उसमा उत्कट इच्छा पनि थियो । उसलाई यो थाहा थियो कि ऊ सिद्ध थिएन, तर उसलाई यो पनि थाहा थियो कि उसको सट्टामा येशू सिद्ध हुनुभएको छ । तर बप्तिस्मामा जस्तै प्रभु-भोजको सन्दर्भमा पनि उमङ्गसँग केही प्रश्नहरू झुन्डिरहेको थियो ।

चर्चले कहिलेकहिले प्रभु-भोज लिनुपर्छ ?

चर्चहरूलाई यसको निर्णय उनीहरूमा भएको अठोटको आधारमा गर्न अनुमति दिइएको छ । येशूले निर्देशन दिनुहुँदा यति चोटी र यति बेला प्रभु-भोज लेऊ भनी भन्नु भएन (१ कोर ११:२६) । प्रभु-भोज लिनुमा स्वतन्त्रता छ तर यदि कुनै चर्चले महिनाभन्दा ज्यादा समयमा एक चोटी लिन्छ भने चाहिँ उसले आफैँलाई यो प्रश्न गर्नुपर्छ कि किन म चाहिँ यसरी अनियमित छु जब कि यो कुरा सुरुवाती चर्च जीवनको दैनिक पाटो थियो (प्रे २:४२-४७) ।

हामी किन रोटी र दाखमद्य नै लिन्छौँ ?

जब प्रभु आफ्ना चेलाहरूसँग भोजन गरिरहनुभएको थियो तब उहाँले यी तत्वहरूको नै प्रयोग गर्नुभएको थियो । तर कस्तो प्रकारको रोटी र रस लिने त्यसको स्वतन्त्रता चर्चसँग छ ।

के विश्वासीहरूले स्थानीय चर्च बाहेक अरू ठाउँमा पनि प्रभु-भोज लिन सक्छन् ?

केही विश्वासीहरू घरमा परिवारहरूसँग मिलेर पनि प्रभु-भोज लिने गर्दछन्, त कोहीले क्याम्प गरेको बेला, सानो समूहमा वा आफ्नो विवाहको बेला पनि प्रभु-भोज लिन्छन् (हाम्रो विवाहमा त्यसो गरेका

थियौं) । तर प्रभु-भोज कुनै एक निश्चित व्यक्तिलाई व्यक्तिगत तवरमा येशूसँग विशेष समय बिताउन दिइएको विधि होइन । यो सामूहिक रूपमा गरिने अभ्यास हो, जहाँ सारा चर्च नै सहभागी हुनुपर्दछ र उनीहरू एकअर्काप्रति जवाफदेही हुन्छन् (१ कोर १०:१६-१७) ।

कण्ठस्थ पद

ख्रीष्टको खतनामा पापमय स्वभावको देहलाई त्यागेर हातविना गरिएको खतनाद्वारा उहाँमा तिमीहरूको खतना भएको थियो । बप्तिस्मामा तिमीहरू उहाँसँग गाडिएका थियौ । मरेकाहरूबाट उहाँलाई जीवित पार्नुहुने परमेश्वरको कार्यमा विश्वास राख्नाले यही बप्तिस्मामा तिमीहरू पनि उहाँसँगै जीवित पारियौ (कल २:११-१२) ।

किनभने जहिले-जहिले तिमीहरू यो रोटी खान्छौ र यस कचौराबाट पिउँछौ, उहाँ नआउन्जेल तिमीहरू प्रभुका मृत्युको घोषणा गर्दछौ (१ कोर ११:२६) ।

सारांश

हामीले देखिहाल्यौं कि बप्तिस्मा भनेको पानीमा नुहाउने काम मात्र होइन र प्रभु-भोज हाम्रो पेटको लागि केही आहारा मात्र होइन । येशूले हामीलाई यी पवित्र चिन्हहरू दृश्यगत रूपमा उहाँको मानिसहरू अर्थात् स्थानीय चर्च हौं भनी चिन्नका लागि दिनुभयो । यी चिन्हहरूले हामीलाई हाम्रो पापको निम्ति मर्नुभएको येशू, उहाँको पुनरुत्थान र आफ्नो आत्माद्वारा आफ्ना मानिसहरूसँग सङ्गति गरिरहनुभएको येशू तर्फ इङ्गित गर्दछ ।

भन्न खोजेको के हो ?

चर्चको
सदस्य प्रेम गर्नमा
प्रतिबद्ध हुन्छन् ।

पाठ ६.
चर्च सदस्यता

उमङ्ग

चर्चले जहिल्यै पनि उमङ्गलाई अचम्मित पार्न छाडेन । हरेक शनिबार सङ्गतिको लागि भेला हुँदा विश्वासीहरूमा एकअर्काप्रतिको प्रेम देख्दा ऊ प्रफुल्लित हुन्थ्यो । यसो हेर्दा उनीहरूमा त्यति धेरै समानता देखिँदैन थियो तर येशूप्रति र एकअर्काप्रति उनीहरूमा भएको प्रेम चाहिँ प्रष्टसँग देखिन्थ्यो ।

प्रकाशसँग बोल्ने क्रममा एक दिन उमङ्गले कसरी परमेश्वरले उसमा चर्चका मानिसहरूप्रति प्रेम बढाउँदै हुनुहुन्छ, जसलाई खीष्ट बिना उसले कहिल्यै पनि चिन्दैन थियो भनी बयान गऱ्यो । सुरुवाती दिनहरूमा प्रकाशसँग चर्च एउटा परिवार हो भन्ने छलफल गरेको कुरा सम्भियो र यतिका दिनपछि बल्ल उसलाई त्यसको अर्थ के हो भन्ने बुझेजस्तो लाग्न थाल्यो ।

प्रकाशलाई पनि अब बप्तिस्मा लिनु र प्रभु-भोजमा सहभागी हुनु बिचको कडी अर्थात् चर्च सदस्यताको बारेमा बयान गर्ने सही समय आयो जस्तो लाग्यो । चर्च सदस्यता एउटा यस्तो विषय थियो जसको बारेमा उमङ्गले त्यति ध्यान दिएको थिएन । तर प्रकाशलाई लाग्यो कि उमङ्ग यसको बारेमा सिक्न तयार भएको छ ।

रोकिनुहोस्

तपाईंको विचारमा किन एक विश्वासी स्थानीय चर्चको सदस्य बन्नुपर्छ ?

कुनै सपिङमल वा क्लबमा भएको सदस्यता भन्दा चर्चमा हुने सदस्यता कसरी भिन्न हुन्छ ?

चर्च सदस्यता नलिनका लागि कसैले केके कारणहरू दिन सक्छन् ?

समर्पणता हाम्रो समयमा लोप हुनै लागेको गुण हो । हामीलाई विकल्पहरू तयार पारेर राख्न र आफूले चाहेअनुसारको स्वतन्त्रताको

संरक्षण गर्न मनपर्छ । तर परमेश्वरले आफ्ना मानिसहरूलाई एकअर्काप्रति भएको सम्बन्धलाई भिन्न तरिकाले सोच्न आह्वान गर्नुहुन्छ । चर्च सदस्यता बाइबलमा उल्लेख नगरिए तापनि यसको अवधारणा बाइबलमा प्रष्टसँग पाइन्छ ।

मुख्य पद *किनकि जसरी हाम्रो एउटै शरीरमा धेरै अङ्ग हुन्छन्, तर सबै अङ्गहरूको एउटै काम हुँदैन, त्यसरी नै हामी जो धेरै छौं, हामी पनि ख्रीष्टमा एउटै शरीर हौं, र प्रत्येक एक-अर्काका अङ्ग हौं* (रोम १२:४-५) ।

जब कसैलाई ख्रीष्टमा आत्मिक रूपमा बप्तिस्मा दिइन्छ तब ऊ विश्वव्यापी चर्चसँग एक हुन्छ । तर जब उसलाई शारीरिक रूपमा पानीमा बप्तिस्मा दिइन्छ तब ऊ स्थानीय चर्चसँग एक हुन्छ, जसले उसलाई येशूमा भक्तिपूर्ण जीवन जिउनलाई मद्दत गर्दछ ।

विश्वव्यापी चर्च को बारेमा थाहा छैन भने, विश्वव्यापी चर्च भनेको सारा विश्वभरमा ती सबै मानिसहरू हुन् जो नयाँ गरि जन्मिएका छन् र आत्मिक रूपमा येशूसँग एक भएका छन् । तिनीहरू हरेक जाति, भाषा र राष्ट्रबाट बचाइएका मानिसहरू हुन्, जसको नामहरू थुमाको जीवनको पुस्तकमा लेखिएका छन् । यदि तपाईं ख्रीष्टियान हुनुहुन्छ भने तपाईं विश्वव्यापी चर्चको हिस्सा हुनुहुन्छ ।

स्थानीय चर्च भनेको निश्चित क्षेत्रमा भेला हुने ख्रीष्टियानहरूको समूह हो जो आराधक र येशूको साक्षीहरू बनी नियमित रूपमा भेला हुन्छन् । एन्टिओखको चर्च होस् (प्रे १३:१), वा रोम (रोम १:७), कोरन्थ (१ कोर १:२), गलातियाका चर्चहरू (गला १:२), वा प्रकाश २-३ मा सम्बोधन गरिएका चर्चहरू हुन् - बाइबलले चर्चलाई जहिल्यै पनि स्थानीय विश्वासीहरूको समूह भनी इङ्गित गरेको छ । वास्तवमा भन्नुपर्दा, नयाँ करारमा १०९ पटक चर्च शब्द प्रयोग गरिएको छ, र हरेक पटक त्यसले कुनै निश्चित स्थानीय चर्चलाई जनाएको छ ।

नयाँ करारले एकलकाँटे ख्रीष्टियानहरूलाई ख्रीष्टियान मान्दैन जो स्थानीय चर्चमा समर्पित नभई यताउता हल्ली हिँड्छ ।

बप्तिस्मा र प्रभु-भोज चर्च सदस्यतालाई आकार दिने हिसाबले स्थापना गरिएको छ । तिनीहरू केवल विश्वासीहरूको लागि मात्र हो किनकि तिनीहरूले मात्र बचाउने विश्वासको प्रमाण जीवनबाट दिन सक्छन् । यही कारणले चर्च सदस्यता तिनीहरूलाई मात्र प्रदान गरिनुपर्दछ, जो नयाँ गरि जन्मिएका छन् । जो कोहीलाई सदस्यता दिनु उचित हुँदैन किनकि परमेश्वरको अघि धर्मी ठहरिएका र नठहरिएका मानिसहरूबीच प्रष्ट रेखा नकोर्दा हामीले कुनै भलाइ गरेका हुँदैनौं । यो असल हो कि हामीले सबै मानिसहरूलाई सधैँ स्वागत गर्नुपर्छ तर चर्च सदस्यतामा तिनीहरूका मात्र नाम हुनुपर्दछ जसले खीष्ट माथि विश्वास गर्दछन् । तसर्थ चर्च सदस्यताले थुमाको जीवनको पुस्तकमा भएको नामहरूको प्रतिविम्ब गर्नुपर्दछ (प्रका १३:८) ।

यो साँचो हो कि सबै खीष्टियान विश्वव्यापी चर्चमा सदस्यहरू हुन्, तर धर्मशास्त्रमा यो पनि प्रष्टसँग उल्लेख गरिएको छ कि हरेक खीष्टियान स्थानीय चर्चको पनि सदस्य हुनुपर्दछ । ठाडो रूपमा भन्नुपर्दा, यदि तपाईंले स्थानीय चर्चमा सहभागिता जनाउनु भएको छैन भने येशूको आज्ञापालन गर्न तपाईंलाई धेरै मुस्किल हुनेछ ।

उमङ्ग

“एक छिन रोक्नुहोस्” उमङ्गले बिचमा कुरा काट्दै भन्यो, “के तपाईंले भन्न खोज्नुभएको यो हो कि यदि मैले स्थानीय चर्चको सदस्यता लिइनँ भने म खीष्टियान नै बन्न सक्दिनँ ?” प्रकाशले उमङ्गलाई सम्झायो, “उमङ्ग, मैले भन्न खोजेको कुरा त्यस्तो होइन । मैले भन्न खोजेको कुरा के हो भने कि तिमीले यसलाई सदस्यता, सहकार्य वा समर्पित प्रेम भने तापनि उहाँको चर्चमा आबद्ध नभएसम्म तिमीलाई उहाँको आज्ञा पालन गर्न मुस्किल पर्नेछ ।”

प्रकाशले बतायो कि, “चर्च सदस्यताले हामीले कसरी परमेश्वरको धेरै आज्ञाहरू पालना गर्ने त्यो प्रष्टसँग बुझ्नमा मद्दत गर्दछ । परमेश्वरले हामीलाई समुदायप्रति समर्पित भएर खीष्टलाई पछ्याउने प्रवृतिले बनाउनु भएको छ । यसको बारेमा हामीले बाइबलबाट नै केही उदारहण हेरे कस्तो होला ?”

रोकिनुहोस्

चर्च भन्दा बाहिर हुँदा येशूको आज्ञापालन गर्न कठिन हुन्छ भन्ने वक्तव्यको बारेमा तपाईंको विचार के छ ?

तपाईंको विचारमा, स्थानीय चर्चले तपाईंलाई येशूप्रति आज्ञाकारी हुन कसरी सिकाउँछ जस्तो लाग्छ ?

अरूलाई पनि येशू प्रति आज्ञाकारी हुन तपाईंले कसरी मद्दत गर्नुहुन्छ ?

तपाईंलाई परमेश्वर प्रति आज्ञाकारी हुनलाई सहायता गर्न उहाँले चर्च सदस्यतालाई कसरी प्रयोग गर्नुहुन्छ ?

जब मानिसहरूले सदस्यताको बारेमा सोच्छन् तब अधिकांशले यसलाई आनन्द र मोजमज्जाको निम्ति सहभागी हुने कुराको रूपमा लिन्छन् । तर चर्च सदस्यताको अर्थ यो होइन ।

चर्च सदस्यता भनेको चर्चका सदस्यहरूबीच भएको सम्बन्धलाई बयान गर्ने तरिका हो जहाँ परमेश्वरले विश्वासीहरूलाई उक्त सम्बन्धमा रहन आह्वान गर्नुहुन्छ र यसले

उहाँको आदर गर्दछ,
महान् आदेश पूरा गर्दछ (पाठ ९ हेर्नुहोस्),
र एकअर्कालाई स्वर्गीय यात्रा पूरा गर्न मद्दत गर्दछ ।

चर्च सदस्यताको चार सम्बद्ध गुणहरू छन्, जसलाई तल उल्लेख गरिएको छ ।

अ. स्वैच्छिक

सदस्यतामा रहेर अरू विश्वासीहरूसँग एकतामा रहने परमेश्वरको आह्वानलाई ख्रीष्टियानहरूले स्वैच्छिक रूपमा पालन गर्नुपर्छ । हामीले यो कुरा जबरजस्ती तरिकाले गर्दैनौं तर यही विश्वासका साथ गर्दछौं कि परमेश्वरको रचना असल र बुद्धिमानीपूर्ण छ ।

हालसालै मैले एकजना विश्वासीसँग बातचित गर्दै थिएँ जसले आफ्नो चर्च छोडेर हाम्रोमा आउनुभएको थियो । उहाँले हाम्रो चर्च रोज्नुभयो किनकि उहाँ विश्वस्त हुनुहुन्थ्यो कि उहाँको लागि त्यो परमेश्वरको आज्ञा थियो । वास्तवमा उहाँ पहिलेको चर्चबाट निक्कै

पीडित हुनुभएको थियो । तर जब उहाँ हाम्रो चर्च आउनुभयो तब उहाँको चोटहरू निको भयो र विश्वासमा पनि अघि बढ्नुभयो भनी गवाही दिनुभयो ।

आ. सोद्देश्य

प्रेम र एकता त्यसै हुँदैनन् । तिनीहरूलाई अठोटपूर्वक खोज्नु र रोप्नुपर्छ । ख्रीष्टियानहरू सम्बन्ध विकास गर्ने उद्देश्य सहित स्थानीय चर्चमा सहभागी हुने गर्दछन्, जहाँ विश्वासीहरूले एकअर्काको निम्ति आत्मिक भलाइ गर्ने चेष्टा गर्दछन् । हामीले एकअर्कालाई ख्रीष्टको जस्तै पवित्रतामा बढ्न मद्दत गर्ने चेष्टा गर्दछौं ।

इ. जवाफदेहिता

चर्च सदस्यताबाट हामीले यस्तो सम्बन्ध विकास गर्छौं जसलाई म उद्देश्यपूर्ण हस्तक्षेप सम्बन्ध भन्न चाहन्छु । यसको अर्थ सबै जनाले सबै जनाको बारेमा चासो राख्नुपर्छ भन्ने होइन तर यसको अर्थ यो हो कि कसैले तपाईंको जीवनको बारेमा चासो राख्नुपर्छ । हामी सबैलाई ती मानिसहरूको खाँचो छ जसले हाम्रो आचरण र बोली वचन साथै हामीले खर्च गर्ने पैसा र समयको हिसाब मागोस् । हामी सबैलाई ती मानिसहरूको आवश्यकता पर्दछ जसले हामीले पाप गर्दा हप्काओस् र संघर्ष गर्दा उत्साह दिओस् । चर्च एक परिवार हो जसले यस्तो काम एक-अर्काको निम्ति गर्न सक्छ, जसले येशूलाई व्यक्तिगत तवरमा अनि सार्वजनिक रूपमा आदर दिन्छ । चर्च एक परिवार हो जसले यस्तो काम एकअर्काको निम्ति गर्नसक्छ, जसले येशूलाई व्यक्तिगत र सार्वजनिक रूपमा आदर दिन्छ ।

ई. समर्पित

जब एक युवक र युवती विवाह गर्दछन्, तब तिनीहरूले दु:खमा र सुखमा एकअर्कालाई प्रेम गर्न समर्पित हुन्छन् । चर्च सदस्यता पनि त्यस्तै हो । यहाँ एकअर्काप्रतिको हाम्रो प्रेमको परीक्षा हुन्छ । हामीले एकअर्कालाई निरास पार्न सक्छौं । एकअर्का विरुद्ध पाप गर्नसक्छौं । हाम्रो चाहनाहरू जहिलेपनि पूरा हुन सक्दैनन् । तर परमेश्वरको अनुग्रहद्वारा हामी एकअर्काप्रति बफादारी हुने अठोट लिएका छौं भन्ने एउटा प्रमाण

चर्च सदस्यताले दिन्छ । हामी बेला मौका मात्र प्रेम प्रकट गर्दैनौं । तर हामी तबसम्म एउटै स्थानीय चर्चमा भएर सेवा गर्दैछौं, जबसम्म हामीलाई धर्मशास्त्रीय कारणहरूद्वारा अर्को चर्च जान पर्दैन ।

उमङ्ग

चर्च सदस्यता प्रेमले भरिएको हुन्छ भन्ने कुरा प्रकाशले बयान गर्दा उमङ्गको आँखा नै खुलेको जस्तो भएको थियो । उसले सोचेजस्तो सदस्यता भनेको वैधानिक र बलपूर्वक प्रतिबद्धता होइन रहेछ । तर यो त येशूले उसलाई गर्नुभएको प्रेम जस्तै पो रहेछ । यो कुराले उसलाई बाइबलले चर्च सदस्यताको बारेमा के भन्छ भनी अझ जान्न मन लाग्यो ।

१. सदस्यताले मुक्तिको निश्चिततालाई अझ मजबुत बनाउँछ

एक खीष्टियानको मुक्तिको निश्चियता पूर्ण रूपमा येशू खीष्टको सिद्ध कार्य र पवित्र आत्माको गवाही माथि निर्भर हुन्छ (रोम ८:१६; १ यूह ४:१३-१८; ५:६-१३) । स्थानीय चर्चमा भएको सदस्यताले यो कुरालाई कहिल्यै विस्थापित गर्न सक्दैन, तर यसले सुसमाचारको प्रतिध्वनिको रूपमा काम गर्दछ ।

जब एक चर्चले कसैले खीष्ट माथि विश्वास गरेको स्वीकार गर्दछ, उसलाई बप्तिस्मा दिन्छ, चर्चको सदस्य बनाउँछ र प्रभु-भोजमा सहभागी गराउँछ, तब चर्चले उसलाई उसको मुक्तिको निश्चियता दिइरहेको हुन्छ । वास्तवमा चर्चले यो भनिरहेको हुन्छ, "हामीले तिम्रो गवाही सुनेका छौं, र येशूले तिम्रो जीवनलाई कसरी परिवर्तन गर्नुभयो त्यो देखेका छौं । खीष्टमा तिमी हाम्रो भाइ/बहिनी हौ भन्ने कुरामा हामी निश्चिन्त छौं ।"

चर्च सदस्यताको लागि चाहिने आधारभूत कुरा भनेको विश्वासको स्वीकारोक्ति हो ।

यसैकारण, यदि कुनै विश्वासीले बारम्बार आफ्नो पापबाट पश्चात्ताप गर्न अस्वीकार गर्छ भने उसलाई चर्चबाट निष्कासन गरी ऊसँगको सङ्गति अन्त्य गर्नुपर्दछ (मत्ती १८:१५-१८, पाठ ८ हेर्नुहोस्) ।

यो कुरा निश्चय नै हो कि कुनैकुनै चर्चले सदस्यतालाई हल्का रूपमा लिई हतारहतारमा कसैलाई सदस्य बनाइहाल्छ र पूर्णरूपमा स्वीकार नगरेको व्यक्तिलाई पनि मुक्तिको निश्चियता प्रदान गर्दछ । कहिलेकाहीँ स्वस्थ चर्चहरू पनि यस्तो कुरामा चुक्न सक्छन् । तर यसको बावजुत पनि परमेश्वरले चर्च सदस्यतालाई साँचो विश्वासीहरूको विश्वासको निश्चियतालाई मजबुत पार्न प्रयोग गर्नुहुन्छ ।

२. सदस्यताले हामी कोकोसँग भेला हुन्छौँ भन्ने स्पष्ट पार्छ

खीष्टियानहरूसँग खाली समयमा आफूले रुचाएको मानिसहरू (खीष्टियान वा अखीष्टियान) सँग मिलेर मनोरञ्जन गर्ने स्वतन्त्रता छ । तर हामीसँग विश्वासीहरूको निश्चित समूह पनि हुनु आवश्यक छ, जो नियमित रूपमा भेला भएर परमेश्वरको आज्ञाहरू पालन गर्दछन् ।

मुख्य पद *हामीले दृढ स्वीकार गरेको आशालाई दोधार नभईकन दह्रिलोसँग थामिराखौं, किनकि जसले प्रतिज्ञा गर्नुभयो, उहाँ विश्वासयोग्य हुनुहुन्छ । हामी एउटाले त्यस कुरामाथि विचार गरौं । कति जनाको सङ्गतिमा नजाने बानी हुन्छ, तर हामीचाहिँ एकसाथ भेला हुन नछोडौं । तर प्रभुको दिन नजिक आइरहेको तिमीहरूले देखेका हुनाले एउटाले अर्कालाई झन् प्रोत्साहन देओ* (हिब्रू १०:२३-२५) ।

यदि तपाईंले विश्वासीहरू चर्चमा भेला हुनुपर्छ भन्ने आज्ञा सहितको पद खोज्दै हुनुहुन्छ भने त्यो हिब्रू १०:२५ नै हो । जब कोही खीष्टियान बन्छ, तब उसलाई आत्मिक टापूमा गएर येशूसँग व्यक्तिगत जीवन जिउन बोलाइएको हुँदैन । हामीलाई नियमित रूपमा एकसाथ भेला हुनका लागि बोलाइएको छ । तर हामीले कोकोसँग नियमित रूपमा भेट्न छोड्नुहुन्न ? के यहाँ हिब्रूका लेखकले विश्वभरिका खीष्टियानहरूसँगको हाम्रो सम्बन्धको बारेमा लेख्दैछन् त ?

होइन । उनले यहाँ एउटै चर्चमा आराधनाको लागि भेला हुने विश्वासीहरूसँग हामी समर्पित हुनपर्ने बारेमा भन्दै छन् ।

एउटै चर्चमा भेला हुने मानिसहरू तिनीहरू हुन् जो एकअर्काप्रति बफादार हुन्छन्, अठोटका साथ एक भएर पापको विरुद्ध संघर्ष गर्दछन्, मिलेर खेदो सतावट भोग्दछन्, र एकअर्काको जीवनको हिस्सा बन्दछन्। चर्च सदस्यताले हामी कोसँग नियमित रूपमा भेट्छौं भन्ने प्रष्ट पार्छ।

३. सदस्यताले प्रेम रोप्ने काम गर्दछ

जब हामी नयाँ करार पढ्छौं, तब एकअर्काको निम्ति गर्नुपर्ने ५० वटा आज्ञाहरू पाउँछौं। यी आज्ञाहरूले ख्रीष्टियानहरूलाई परमेश्वरको प्रेम प्रतिबिम्बित हुनेगरि कसरी एकअर्कासँग सम्बन्धित हुनुपर्छ भनी सिकाउँछन्। हामी एकअर्काप्रति दयालु हुनुपर्दछ (१ थेस ५:१३), एकअर्काको बोझ बोक्नु पर्दछ (गला ६:२), एकअर्कालाई अतिथि सत्कार गर्नुपर्दछ (१ पत्र ४:९), एकअर्कालाई क्षमा दिनुपर्दछ (एफि ४:३२)।

प्रेमसम्बन्धी यस्ता बयानहरूले अरू विश्वासीहरूसँग मिलेर एउटा समुदाय खडा गर्नुपर्ने अपेक्षा गर्दछ। यदि हामीले यस्तो समुदायको सेवा गर्दैनौं भने प्रेमसम्बन्धी यस्ता धेरै आज्ञाहरू पनि हामीले पालन गर्न सक्दैनौं। यसमा सबैभन्दा आधारभूत आज्ञा पनि पर्दछ: हामीले एकअर्कालाई प्रेम गर्नु।

"एउटा नयाँ आज्ञा म तिमीहरूलाई दिँदछु: तिमीहरू एक-अर्कालाई प्रेम गर। तिमीहरूसँग मैले जस्तो प्रेम गरेको छु, तिमीहरूले पनि एक-अर्कालाई त्यस्तै प्रेम गर। यदि तिमीहरूले एक-अर्कालाई प्रेम गर्यौ भने, यसैबाट सबैले जान्नेछन्, कि तिमीहरू मेरा चेलाहरू हौ" - येशू (यूह १३:३४-३५)।

एक विश्वासीको मुख्य चिन्ह भनेको प्रेम हो।

परमेश्वर प्रेम हुनुहुन्छ, र त्यसकारण उहाँका सन्तानहरूले उहाँको आत्माको शक्तिद्वारा उहाँको प्रेमलाई प्रतिविम्ब गर्नुपर्दछ। एउटा स्थानीय चर्च क्षमाशीलता भएको समुदाय हुनुपर्दछ किनकि हामीलाई अधिक मात्रालाई क्षमा दिइएको छ (लूक ७:४७)। हामीमा

धैर्यको छाप हुनुपर्दछ किनकि खीष्ट हाम्री प्रति धैर्यवान हुनुभएको छ (रोम २:४; २ पत्र ३:९) । हामी सेवा गर्ने र बलिदान दिने मानिसहरू हौं किनकि खीष्टले हाम्रो निम्ति त्यही कामहरू गर्नुभएको छ (यूह १३:१-१७) ।

रोकिनुहोस्

परमेश्वरले आफ्नो प्रेम तपाईंलाई कसरी देखाउनु भएको छ ? त्यही प्रेम अरू विश्वासीहरू माझ कसरी देखिनुपर्दछ ?

परमेश्वरको प्रेमलाई उहाँको चर्चले प्रतिविम्ब गरेको कसरी देख्नुभएको छ ?

परमेश्वरले हामीलाई विभिन्न प्रकारको सम्बन्धहरूद्वारा प्रेम गर्न सिकाउनुहुन्छ । जब स्थानीय चर्च भेला हुन्छ, त्यसका सदस्यहरूमा थोरै मात्र समानता देखिन्छ ।

हाम्रो छालाको रङ्ग र राजनीतिक विचारहरू फरक छन् ।
हाम्रो सांस्कृतिक पृष्ठभूमि र आर्थिक अवस्थाहरू भिन्न छन् ।
हामीसँग आआफ्नै भिन्नभिन्न अवधारणा र रुचिहरू छन् ।

यस्तो विविधता कहिलेकाहीं चुनौतीपूर्ण हुन्छन्, तर परमेश्वरले यसलाई अद्भूत तरिकाले प्रयोग गर्नुहुन्छ । जब हामी हामीभन्दा भिन्न मानिसहरूसँग एक हुन्छौं, तब उनीहरूलाई प्रेम गर्न हामी लचिलो हुनैपर्दछ र हामीलाई प्रेम गर्न उनीहरू पनि लचिलो हुनैपर्दछ । यसको लागि हामीले सुन्न, सहानुभूति देखाउन र धैर्य हुन सिक्नै पर्दछ ।

हामीबीच भएको भिन्नताको बावजुत पनि प्रभु येशू प्रतिको हाम्रो प्रेमले नै हामीलाई एकताको सूत्रमा बाँध्छ ।

हामी सबैसँग भिन्नाभिन्नै गवाही हुन्छन्, तरै पनि हामी सबै ले उहाँको एउटै ईश्वरीय प्रेम प्राप्त गरेका छौं ।

उहाँ हाम्रो निम्ति मर्नुभयो,

हाम्रो निम्ति बौरी उठ्नुभयो,
उहाँले हामीलाई बोलाउनुभयो,
परिवर्तन गर्नुभयो,
र आफ्नो अनुग्रहद्वारा हामीलाई निरन्तर सम्हाली रहनुभएको छ।

उहाँले हामी प्रत्येकलाई प्रेम के हो भनी सिकाउनु भएको छ । अब हामी आफैँलाई स्थानीय चर्च प्रति समर्पित गर्दै यही प्रेम अरूलाई पनि देखाउनमा प्रतिबद्ध छौँ ।

जब चर्चका सदस्यहरू एकअर्कालाई प्रेम गर्न प्रतिबद्ध हुन्छन्, तब त्यसको परिणाम के हुन्छ होला ? चर्च सुसमाचारको ज्वलन्त गवाही बन्दछ र यो संसारको लागि अद्‌भूत कुरा बन्दछ । एकतामा रहेर जिएको हाम्रो सुसमाचार केन्द्रित जीवनद्वारा नै संसारलाई आशा प्रदान गरिन्छ । सदस्यताले हामीलाई कसलाई र कसरी प्रेम गर्नुपर्छ भन्ने दुवै कुरा सिकाउँछ ।

४. सदस्यताले हामी ककसको वास्ता गर्छौं भनी स्पष्ट पार्छ

खीष्टियानहरूले साधारणरूपमा सबैको (१ थेस ५:१५) र विशेष रूपमा विश्वासीहरूको भलाइ गर्नुपर्दछ (गला ६:१०) ।

नयाँ करारले आफ्नै स्थानीय चर्चका सदस्यहरूलाई झन् बढि वास्ता गर्नुपर्ने कुरामा जोड दिन्छ ।

वास्तवमा भन्नुपर्दा, बाइबलमा प्रयोग गरिएको 'गरिबहरूलाई वास्ता गर' वाक्यांशले जहिल्यै पनि आफ्नो समुदायमा भएका गरिब सदस्यहरूको हेरचाह गर्नुपर्ने कुरालाई जनाउँछ ।

मुख्य पद *यसकारण मौका पाएअनुसार हामी सबै मानिसको भलाइ गर्दै जाऔं, विशेषगरि तिनीहरूको, जो हाम्रा विश्वासका परिवारका हुन्* (गला ६:१०) ।

चित्रण

मेरो वरिपरि धेरै साथीभाइ र इष्टमित्रहरू छन् । कसैलाई चर्चमा भेटेको, कसैलाई कामको दौरानमा, त कतिलाई अन्य विभिन्न

कार्यक्रम र गोष्ठीहरूमा । जसै सम्बन्धहरू बढ्दै गयो, उनीहरूको धेरै आवश्यकताहरूसँग पनि परिचित हुँदै गएँ । कोही आर्थिक अवस्थामा संघर्ष गरिरहेकाछन्, कोही स्वास्थ्यमा त कोही अन्य धेरै समस्याहरूमा परेकाछन् ।

मसँग सम्बन्धित रहेको व्यक्ति र परिवारहरूको बारेमा चासो राखे तापनि समस्याहरूको सम्बोधन गर्न मसँग सीमित समय, उर्जा र श्रोतहरू छन् । यी कुराहरूले मलाई कसलाई सहायता गर्ने र कसरी गर्ने भनी सोच्न बाध्य बनाउँछ ।

आवश्यकतामा परेकाहरू त धेरै छन् तर कसले सबैभन्दा बढी मेरो ध्यानाकर्षण पाउनुपर्छ ? मेरो आफ्नै परिवार । मेरो श्रीमती र छोराछोरी पहिलो स्थानमा आउनैपर्छ । यो एक वास्तविकता हो कि अरूलाई सहायता गर्ने क्रममा कहिलेकाहीँ हामीले परिवारलाई नै ओझेलमा पार्छौं तरै पनि मेरो पहिलो प्राथमिकता भनेको मेरो आफ्नो परिवार नै हो । यही कुरालाई नै साँचो ख्रीष्टियानहरूले अरू चर्चहरूसँग सम्बन्ध राख्ने क्रममा लागू गर्नुपर्दछ ।

जसरी हामीले आफ्नो परिवारको आवश्यकताहरूलाई प्राथमिकता दिनु वैकल्पिक कुरा होइन (१ तिमो ५:८), त्यसरी नै आफ्नो चर्चको सदस्यहरूलाई अरू चर्चको सदस्यहरू भन्दा ज्यादा वास्ता गर्नु पनि गलत होइन । अन्तिम दिनमा आवश्यकतामा परेका आफ्ना दाजुभाइ दिदीबहिनीहरूलाई हामीले कतिको सहयोग गर्‍यौं त्यसको आधारमा हाम्रो इन्साफ हुनेछ (मत्ती २५:३१-४६; प्रे ६:१-६) । भलाइ गर्नुमा कन्जुसी हुनु गम्भिर पाप हो, किनकि यसले येशूले हामीलाई देखाउनुभएको उदारतालाई बिर्सिन्छ (याक २:१४-१७; १ यूह ३:१६-१८) ।

हामीले सधैं एकअर्काप्रति उदारता हुने चाह गर्नुपर्दछ, तरै पनि तिनीहरूप्रति हामी उदारता हुनुहुँदैन जो आफ्नै ख्याल राख्न चाहँदैनन् (२ थेस ३:१०-१५) । चर्च सदस्यताले आवश्यकताहरू र सहायताको सीमाहरूको पहिचान गर्न धेरै मद्दत गर्दछ । यसको एउटा प्रष्ट उदाहरण भनेको १ तिमो ५:१-१६ हो, जहाँ पावलले तिमोथीलाई एफिसीको चर्चले उनीहरूमाझ भएको बिधुवाहरूलाई कसरी वास्ता गर्नुपर्दछ भनी निर्देशन दिन्छन् । चर्चले विधवाहरूको सूची तयार

पारि केही मापदण्डअनुसार तिनीहरूको आवश्यकताहरूलाई पूरा गर्नुपर्थ्यो । पावलले यो अनुमान गर्दछन् कि चर्च ती विधाहरूसँग यति परिचित छ कि उसले तिनीहरूको चरित्रलाई मूल्यांकन गरि उनीहरूको आवश्यकतालाई पूरा गर्नसक्छ। चर्च सदस्यताले समुदायमा आवश्यकतामा परेका मानिसहरू पहिचान गर्ने आवश्यकीय संरचना प्रदान गर्दछ।

रोकिनुहोस्

तपाईंको विचारमा सदस्यताको व्यवस्थाले प्रेम र सेवाको प्रवर्द्धनमा कसरी टेवा पुऱ्याउन सक्छ ?

तपाईंको विचारमा कसरी सदस्यताले त्यो प्रेमलाई दबाउन पनि सक्छ ?

तपाईंको मनमा खेलिरहेको प्रश्न यो हुन सक्छ कि कसरी सदस्यताले ठूलो चर्चहरूमा अर्थपूर्ण तरिकाले काम गर्नसक्छ जहाँ सबै विश्वासीले सबैलाई चिन्न नसक्नेगरी वृद्धि भएका हुन्छन् ? त्यस्तो चर्चहरूमा कुनै पनि विश्वासी गुमनाम र जवाफदेहितादेखि टाढा हुन नदिनेगरी त्यहाँको नेतृत्वले व्यवस्था ल्याउनुपर्छ । साथै, एकभन्दा धेरै पास्टरहरू/ एल्डरहरू नियुक्त गर्नुपर्छ र नयाँ चर्चहरु स्थापना गर्नुपर्छ । यसो गर्नले येशूका सबै भेडाहरू हेरचाह पुग्दछ र पाष्टरहरू शुद्ध विवेकले सेवा गर्दछन् ।

५. पास्टरहरूलाई विश्वासयोग्य हुन सदस्यता अत्यावश्यक छ

मुख्य पद *तिमीहरूका अगुवाहरूको आज्ञापालन गर, र तिनीहरूका अधीनमा बस । किनकि लेखा दिनुपर्छ भन्ने कुरा जानेर नै तिनीहरूले तिमीहरूका प्राणको हेरचाह गर्छन् । यो काम तिनीहरूले आनन्दसाथ गरून् । दुःख मानेर होइन, नत्रता त्यसबाट तिमीहरूलाई कुनै लाभ हुँदैन* (हिब्रू १३:१७) ।

चित्रण

ख्रीष्टियान भएको केही समयपछि मैले एउटा सानो चर्चमा पास्टरीय काम गर्न थालें । हामीले चर्च सदस्यता लागू नगरी नै सञ्चालन गर्न

थाल्यौं । हामी नितिवादी होइन तर प्रेमीला हुन चाहन्थ्यौं । हामीलाई थाहा थियो कि बाइबलले सदस्यताको बारेमा आज्ञा गरेका छ, तर मित्रतालाई औपचारिक बनाउन र सम्बन्धहरूमा बारहरू लगाउन हाम्रो मन मानेन ।

यो कुराको लागि हामीसँग राम्रो मनसाय भए तापनि यसले हाम्रो आत्मिक वृद्धिमा बाधा पुऱ्यायो । हामीले हामी को हौं भनी चिन्नै सकेनौं । त्यहाँ साँचो प्रेम भए तापनि जसै हामी बढ्दै गयौं त्यसै हाम्रो समूहमा कोको पर्दछन् भन्ने कुरा प्रष्ट हुन नसक्दा त्यसले हाम्रो चेलापन, सेवा र एकतालाई खलबल्यायो । प्रभु-भोजलाई उचित तरिकाले सञ्चालन गर्नै मुस्किल भयो र हामीले पहिलो पल्ट कसैलाई अनुशासनमा राख्नु खोज्दा निक्कै ठूलो दुर्घटना भयो (अनुशासनको बारेमा पढ्नका लागि पाठ ८ हेर्नुहोस् ।)

तर जब मैले यो कुरा पढें कि पास्टरहरूले *लेखा बुझाउने गरि विश्वासीहरूको आत्मालाई हेरचाह गर्नुपर्दछ,* तब म छर्लङ्ग भएँ । परमेश्वरले यसो भन्नुहुन्छ कि न्यायको दिनमा पास्टरहरूले उनीहरूको जिम्मामा भएका विश्वासीहरूको हिसाब उहाँलाई बुझाउनुपर्छ ।

पास्टरहरूले चारैतिर भएका सबै विश्वासीहरूको लेखा बुझाउनु पर्दैन । तर ती विश्वासीहरूको मात्रै जो सदस्यताद्वारा प्रभुमा उनीहरूप्रति समर्पित र आज्ञापालन गर्न प्रतिबद्ध छन् । यसले के कुराको अपेक्षा गर्छ भने पास्टरहरूले ती मानिसहरूको बारेमा जान्नै पर्दछ जसमाथि तिनीहरूले निगरानी राख्छन् ।

निश्चय नै एउटा पास्टरले चर्चमा आउने सबैजनाको ख्याल राख्नुपर्छ तर ऊ पाहुनाहरूको लागि त्यति जिम्मेवारी हुँदैन जति आफ्नो चर्चको सदस्यहरूको लागि हुन्छ । सदस्यहरूले उसमाथि भरोसा गर्दछन्, उसलाई पछ्याउँछन् र उनीप्रति समर्पित हुन्छन् किनकि परमेश्वरले उसलाई उनीहरूमा पास्टर हुनलाई राख्नुभएको छ ।

रोकिनुहोस्

चर्च सदस्यताले एउटा पास्टरलाई चर्चप्रति वास्ता गर्ने क्षमता दिन्छ भन्ने कुरा तपाईंले कसरी देख्नुहुन्छ ?

यदि चर्च सदस्यतालाई प्रष्टसँग परिभाषित गरिएन भने एउटा चर्चको

नेतृत्वले कसरी संघर्ष गर्नसक्छ ? चर्चमा प्रष्ट गरी अगुवा छुट्याउँदा सदस्यहरू कसरी लाभान्वित हुनसक्छन् ?

६. सदस्यताले ख्रीष्टियानहरूले कोबाट सिक्छन् भन्ने कुरा प्रष्ट पार्छ

हरेक सदस्यले एकअर्काबाट सिक्न सक्नुपर्छ (रोम १५:१४) । पवित्र आत्माले हरेक विश्वासीलाई परमेश्वरको वचन बुझ्ने र एकअर्कामा लागू गर्ने क्षमता दिनुहुन्छ । त्यसको बावजुत पनि परमेश्वरले हरेक चर्चमा त्यसको रेखदेख गर्न र सदस्यहरूलाई सुसज्जित पार्नका लागि अगुवाहरू जुटाउनुहुन्छ ।

प्रभुले विश्वासीहरूलाई तिनीहरूका स्थानीय चर्चका पास्टरहरू प्रति आज्ञाकारी र समर्पित हुने माग गर्नुहुन्छ । कोहीकोही विश्वासीहरूको लागि अगुवाहरू प्रति समर्पित हुन फलामको चिउरा चपाए जस्तो भए तापनि वास्तवमा यो बगालको निम्ति महान् अनुग्रह हो । हामीले अगुवाहरू र विश्वासीहरूको सम्बन्धको बारेमा अझ विस्तृत रूपमा पाठ ७ मा हेर्नेछौं तर त्यसको एउटा अंशलाई यहाँ छलफल गर्नेछौं ।

हिब्रू १३:१७ मा हामीले प्रष्ट गरि यो अपेक्षा देखेका छौं कि चर्चका सदस्यहरूले निश्चित पास्टरीय अगुवाहरूप्रति आज्ञाकारी हुने र समर्पण गर्ने स्वैच्छिक निर्णय लिनुपर्दछ । यदि एउटा ख्रीष्टियान स्थानीय चर्चको सदस्य होइन भने त्यहाँको अगुवाप्रति ऊ कसरी आज्ञाकारी हुनसक्छ ? उनीहरूलाई कुनै अगुवा वा सबै अगुवाको अधीनमा हुनलाई आज्ञा गरिएको छैन तर त्यो अगुवाप्रति जो तिनीहरूको स्थानीय चर्चको पास्टर हो ।

चर्च सदस्यताले प्रष्ट गरी अगुवाहरू कोको हुन् र उनीहरूप्रति चर्चको दायित्वहरू केके छन् भन्ने कुरा दर्शाउँछ ।

यसको अर्थ चर्चसँग आफ्नो अगुवाहरूलाई बुद्धिमानीपूर्वक छान्ने जिम्मेवारी छ र ती अगुवाहरूले आफ्ना बगालको बलिदानीपूर्ण ख्याल गर्नैपर्छ । सदस्यताले ख्रीष्टियानहरूलाई परमेश्वरले उनीहरूको चर्चको नेतृत्व, रक्षा र हेरचाह गर्नलाई खटाउनुभएको गोठालाप्रति कसरी सम्बन्धित हुने कुरा चिन्न र बुझ्न मद्दत गर्दछ ।

७. सदस्यताले फलदायी जीवनलाई प्रवर्द्धन गर्दछ

अघि पढेको हिब्रू १०:२४-२५ पदहरूले *हामीले एउटाले अर्कालाई प्रेम र असल कामको निम्ति कसरी उत्साहित गराउने भनी सोच्नलाई उत्साह दिन्छ*। चर्चका सदस्यहरूलाई उद्देश्यप्रेरित भई एकअर्काको जीवनमा असल फल फलाउने बारेमा सोच्न, प्रार्थना गर्न र बाटोहरू खोज्नलाई आज्ञा गरिएको छ। यी पदहरूले ती खीष्टियानहरूको चित्र कोर्छ जसले एकअर्कालाई यति नजिकमा चिन्थे कि उनीहरूले एकअर्कामा फलदायी हुन विशेष उत्साह दिनसक्थे। तिनीहरूलाई एकअर्काको लागि कस्तो प्रतिज्ञाहरू लागू गर्नुपर्छ भन्ने कुरा थाहा थियो। उनीहरू कहिलेकाँही भेट्ने साथीहरू थिएनन्। यी मानिसहरूलाई येशू चाँडै आउँदै हुनुहुन्छ भनी थाहा थियो। त्यसैले तिनीहरू एकअर्कालाई फलदायी र विश्वासयोग्य बनाउन प्रतिबद्ध थिए। यो कुरा तपाईंले सबै विश्वासीसँग वा तपाईंले भेट्ने जोकोही विश्वासीसँग गर्न सक्नुहुन्न।

चर्च सदस्यताले खीष्टियानहरूलाई प्रभुले एक ठाउँ भेला गर्नुभएको विश्वासीहरूको समूहप्रति केन्द्रित हुन सहायता गर्छ।

चित्रण

म सानो हुँदा हाम्रो घरमा बगैंचा थियो, जहाँ मेरी आमाले खन्ने, बिउ रोप्ने र पानी हाल्ने काम गर्नुहुन्थ्यो। मेलै त्यहाँ बार लगाएको मलाई थाहा छ। आमाले भन्नुहुन्थ्यो बार लगाउँदा गाईवस्तुहरूले फुल खान पाउँदैनन्। हामीले निक्कै समय लगाएर झारहरू उखल्ने काम गर्थ्यौं र कडा मेहेनत पछि बगैंचामा फुलहरू फुल्थे। एउटा बगैंचामा ढकमक्क फुलहरू फुल्नुका लागि निरन्तर हेरचाह र मेहेनत गर्नुपर्दछ।

चर्च सदस्यता पनि बगैंचा लगाएजस्तै हो। हामीले एकअर्काको जीवनमा सत्यताको बिउ रोप्छौं र उत्साहको पानी लगाउँछौं ताकि परमेश्वरको महिमाको निम्ति सक्दो फलहरू फलोस्। यस्तो प्रकारको प्रेम सामान्य प्रतिबद्धतामा सम्भव हुँदैन। यस्तो कुरा त सोद्देश्य, अटल प्रतिबद्धता र दिगो सम्बन्धद्वारा मात्रै सम्भव छ।

८. सदस्यताले हामीलाई पापसँग संघर्ष गर्न र विश्वासमा स्थिर रहन मद्दत गर्छ

यो एउटा प्रसिद्ध भजनको हरफ हो, *'तपाईंबाट भाग्न खोज्छु प्रभु, म महसुस गर्छु, तपाईंबाट भाग्न खोज्छु परमेश्वरलाई जसलाई म प्रेम गर्छु ।'* हाम्रो हृदयहरू लच्किलो छन् । हामी परीक्षाहरूसँग लड्नलाई संघर्ष गर्दछौं र कहिलेकाहीं सम्झौता गर्न पुग्छौं । यो कुरा पास्टरहरू र नयाँ विश्वासीहरू दुवैमा लागू हुन्छ । परमेश्वरलाई धन्यवाद होस्, किनकि उहाँले पापको छलहरू विरुद्ध संघर्ष गर्न सहायता गर्नका लागि हामीलाई स्थानीय चर्च दिनुभएको छ ।

मुख्य पद *भाइ हो, होश गर, तिमीहरूमध्ये कसैमा भएको दुष्ट र अविश्वासी हृदयले तिमीहरूलाई जीवित परमेश्वरबाट टाढा नलै जाओस् । जबसम्म, "आजको दिन" भन्ने कुरा छ, तबसम्म एउटाले अर्कालाई अर्ती देओ, र पापको छलछामले तिमीहरू कसैको हृदय कठोर नहोस् । यदि हामीले हाम्रो सुरुको भरोसालाई अन्त्यैसम्मै दृढतासाथ थामिराख्यौं भने, हामी ख्रीष्टका सहभागी भएका छौं* (हिब्रू ३:१२-१४) ।

शैतनालाई परीक्षामा पार्ने भनेर पनि चिनिन्छ ।

> विश्वासीहरूलाई परमेश्वरबाट टाढा लैजाने पापमय कुराहरूमा लोभ्याउँदै छल गर्नमा ऊ रमाउँछ ।
> उसले हामी आफैंले नै हाम्रा परीक्षाहरू नियन्त्रण गर्न सक्छौं भनी निश्चितता दिलाउँछ ।
>
> उसले हामीलाई यो कुराको पनि निश्चितता दिलाउँछ कि जुनसुकै बेला हामीले हाम्रा पापहरूलाई त्याग्न सक्छौं ।

तर जब हामीले पाप गर्दछौं तब उसले हामीलाई सर्मले भरिएको दोषद्वारा आक्रमण गर्दछ । र उसले हामीलाई हाम्रा पापहरू कसैले नदेख्ने गरि लुकाउनलाई मनाउँछ ।

पापको विरुद्ध युद्ध कहिल्यै पनि एक्लै लड्नु हुँदैन । जबसम्म आजको दिन भन्ने हुन्छ तबसम्म हामीले निरन्तर एकअर्कालाई हौसला दिइरहनुपर्छ । *तपाईंको यस्तो प्रकारको सम्बन्ध कोसँग छ ?* के यो

कुरा तपाईंले चारैतिरका सबै विश्वासीसँग गर्न सक्नुहुन्छ ? अहँ सक्नुहुन्न । यो आज्ञा त्यो विश्वासीहरूको माझमा मात्र तपाईंले लागू गर्न सक्नुहुन्छ जोसँग तपाईंको नियमित भेट हुन्छ । हामी एकअर्कासँग कसरी जवाफदेही हुने त ? सदस्यताले हामी कसलाई उत्साह दिन तयार छौं र को हामीलाई उत्साह दिन तयार छ भन्ने कुरा प्रष्ट पार्छ ।

के यसको मतलब हामीले अरू खीष्टियानहरूलाई सहायता गर्नै हुँदैन त ? निश्चय नै हामीले सहायता गर्नुपर्दछ । खीष्टियानहरूले सकेसम्म सबै खीष्टियानलाई सहायता गर्न र उत्साह दिन सक्छन् तर उनीहरूको प्राथमिक जिम्मेवारी भनेको ती व्यक्तिहरू हुन्, जो उनीहरूको स्थानीय चर्चमा प्रतिबद्ध छन् ।

दुःखदायी कुरा कहिलेकाँही विश्वासीहरूले धोका खान्छन् र पापको फन्दामा पनि पर्दछन् । यस्तो अवस्थामा परमेश्वरले के गर्नुपर्छ भनी भन्नुहुन्छ ?

मुख्य पद *मेरा भाइ हो, यदि तिमीहरूमध्ये कोही सत्यबाट बरालिएर जाँदा कसैले त्यसलाई फिराएर ल्यायो भने, त्यसले जानोस् कि जसले एक जना पापीलाई त्यसको कुमार्गबाट फर्काएर ल्याउँछ, त्यसलाई मृत्युबाट बचाउनेछ, र असंख्य पापलाई ढाक्नेछ* (याक ५:१९-२०) ।

यी पदहरूमा हामीलाई पापमा रुमलिएका दाजुभाइ र दिदीबहिनीलाई फर्काएर ल्याउनका लागि बोलाइएको छ । *हामीले विशेषगरि कुन चाहिँ दाजुभाइ र दिदीबहिनीलाई फर्काएर ल्याउनुपर्छ ?* के यो विश्वभरका दिदीबहिनी र दाजुभाइ हो ? म यो कुरामा शतप्रतिशत सहमत छु कि तपाईंले अर्को चर्चको विश्वासीलाई पनि पापमा फसेको छ भने सहायता गर्नुपर्दछ । तर यो कुरामा ध्यान दिनुहोस् कि यो खण्डमा जोड दिइएको चाहिँ तपाईंको स्थानीय चर्चका सत्यताबाट भड्किएर जाने विश्वासीहरू हुन् । “तपाईंहरूको माझमा” ले के भन्न खोजेको छ ? यसले यो भन्न खोजेको छ कि त्यहाँ विश्वासीहरूको निश्चित समुदाय छ जो नियमित रूपमा सुसमाचारको सत्यताको वरिपरि भेला हुन्छन् ।

त्यसो भए, तपाईंहरूको माझमा भएको मध्ये एक जना पापमा पुग्यो भने के गर्ने त ? तपाईंहरूमध्ये कसैले उसलाई त्यो

पापबाट निकाल्ने । अर्थपूर्ण चर्च सदस्यता येशूको प्रेममा आधारित हुन्छ, जसले ९९ भेडाहरूलाई छोडेर पापमा रुमलिएको एउटा पापीलाई बचाउन जानुभयो ।

उमङ्ग

चर्च सदस्यताको बारेमा प्रकाशले भनेको सबै कुरालाई मनन गरिसकेपछि सदस्यता लिइ चर्चप्रति समर्पित हुन उमङ्ग तयार भयो । ऊ तत्पर भएको देख्दा आफैँलाई अचम्म लाग्यो किनकि ऊ कहिल्यै पनि धर्मकर्ममा चासो नराख्ने व्यक्ति थियो । तर उसले जति बाइबल अध्ययन र चर्चका मानिसहरूसँग समय बितायो त्यति नै उसले यो कुरा महसुस गऱ्यो कि उसलाई परमेश्वरसँग हिँड्नका लागि सहायता गर्न परमेश्वरले अरू विश्वासीहरूको सोद्देश्य प्रेमलाई प्रयोग गरिरहनुभएको छ । सायद म पनि अरू कसैको लागि आशिषको माध्यम बन्न सक्छु कि भनी उसले सोच्यो ।

कण्ठस्थ पद

किनकि जसरी हाम्रो एउटै शरीरमा धेरै अङ्ग हुन्छन्, तर सबै अङ्गहरूको एउटै काम हुँदैन, त्यसरी नै हामी जो धेरै छौं, हामी पनि ख्रीष्टमा एउटै शरीर हौं, र प्रत्येक एक-अर्काका अङ्ग हौं (रोम १२:४-५) ।

सारांश

परमेश्वरले हामीलाई विश्वासमा स्थिर रहन चर्च सदस्यताको स्वैच्छिक, सोद्देश्य, जवाफदेही र समर्पित सम्बन्धहरूको प्रयोग गर्नुहुन्छ । यसले पापमा रुमलिने कुरालाई अझ कठिन बनाउँछ किनकि तपाईंको पछि मानिसहरू हुन्छन्, जो तपाईंलाई प्रेम गर्न र तपाईं रुमल्लिनुभएको बेला तपाईंको उद्धार गर्न प्रतिबद्ध छन् । तर यसले तपाईंलाई पनि त्यो स्थानमा राख्छ, जहाँ तपाईंले अरूको वास्ता गर्नुहुन्छ र तिनीहरूलाई पनि अटल रहन मद्दत गर्नुहुन्छ ।

भन्न खोजेको के हो ?

त्यो अगुवालाई मात्रै पछ्याउनुहोस्, जसले येशूलाई पछ्याउँछ ।

पाठ ७.

चर्च नेतृत्व/अगुवापन

उमङ्ग

उमङ्गलाई अगुवाहरू मन पर्दैन थियो । यसको कारण सानोमा उसले बुबाको पिटाइ खाएको वा पुलिससँगको टक्करको नराम्रो छाप हुनसक्छ । जे होस् पास्टर अनिलसँग भोजनमा भेट्न जाँदा उसलाई असजिलो महसुस भएको थियो ।

प्रकाशले उमङ्गलाई यो निश्चितता दिलायो कि पास्टर एक ईश्वरभक्त मानिस हुनुहुन्छ, जसले आफूले प्रचार गरेको कुरा आफैँमा पनि लागू गर्नुहुन्छ । उसले यो पनि बतायो कि पास्टर अनिलले जहिल्यै पनि ती व्यक्तिहरूलाई भेट्नुहुन्छ जो चर्चमा जोडिन र बप्तिस्मा लिन चाहन्छन् ।

भोजनको बेला उनीहरूबीच सामान्य गफगाफ भयो । र पास्टर अनिलले उमङ्गको जीवनमा परमेश्वरले हालसाल केकस्तो काम गर्दैहुनुहुन्छ भनी सोध्नुभयो । उमङ्गले आफ्नो साथीको मृत्युको बारेमा बतायो र येशूले कसरी त्यस घटनाबाट उसलाई मुक्तिदाताको खाँचो छ भन्ने कुरा देखाउनु भयो भनी बतायो । चर्च आएको पहिलो दिनमा नै उसले प्रकाशसँग मित्रता गाँसेको र त्यसपछि निरन्तर विश्वासमा अघि बढिरहेको कुरा पनि उसले बतायो ।

केही समयपछि पास्टर अनिलले उमङ्गलाई सोध्नुभयो, “के तिमीसँग मलाई सोध्नुपर्ने केही प्रश्नहरू छन् ?” उमङ्ग, “छ” । शनिबार तपाईंले परमेश्वरको बारेमा भन्दै आउनुभएको सुनेको छु, तर के तपाईं मलाई यो बुझाउनुहुन्छ कि “पास्टर भनेको के हो र तपाईंले कसरी चर्चको नेतृत्व गर्नुहुन्छ ?”

रोकिनुहोस्

तपाईंको नजरमा अगुवाहरू प्रेमिला हुनुहुन्छ कि दमनकारी हुनुहुन्छ ? जब तपाईं चर्चमा नेतृत्वको बारेमा सोच्नुहुन्छ, तब तपाईंको मस्तिष्कमा के कुरा आउँछ ?

के तपाईंले चर्चमा फितलो/कमजोर नेतृत्व देख्नु वा सुन्नु भएको छ ? यदि छ भने, के तपाईंले एउटा उदाहरण दिन सक्नुहुन्छ ?

के तपाईंले चर्चमा सकारात्मक नेतृत्वको उदाहरणहरू देख्नुभएको छ ?

अगुवाको बारेमा

नेतृत्व/अगुवाको बारेमा केही कुरा छ, जुन हामी मध्ये धेरैलाई मनै पर्दैन। यसो गर, त्यसो गर भनी हामीलाई सल्लाह दिने मानिसहरू हामीलाई राम्रो लाग्दैन। यही कारणले हामी अगुवाहरूको विरोध गर्ने कुरालाई एउटा उच्च गुणको रूपमा हेर्छौं। तर जब हाम्रो हृदयमा विद्रोही भावनाहरू जाग्न थाल्छन् तब हामी होसियारी हुनुपर्दछ।

परमेश्वर महान् अगुवा हुनुहुन्छ।

उहाँले यस्तो संसार बनाउनु भएको छ, जहाँ गुरुत्वाकर्षण (Gravity) लाई नकार्न नसके जस्तै नेतृत्व/ अख्तियार र समर्पणतालाई नर्कान सकिँदैन। गुरुत्वाकर्षण एउटा उपहार हो किनकि यसले हाम्रा थालहरूमा भात राख्छ र हामीलाई वायुमण्डलमा उड्नबाट बचाउँछ। त्यसैगरी परमेश्वरको अख्तियार हाम्रो निम्ति संरक्षक र निर्देशनात्मक उपहार हो, जसले यसमाथि आफैँलाई समर्पण गर्ने मानिसहरूमा अधिक आशिषहरू बर्साउँछ। उहाँले आफ्नो प्रतिविम्ब स्वरूप घरमा सिकाउन, नेतृत्व गर्न र प्रेम गर्नका लागि अभिभावकहरू दिनुभएको छ (प्रस २०;१२)। उहाँले नागरिकहरूलाई सुरक्षा दिन र उनीहरूमाथि दुष्ट हाबी नहोस् भनी निश्चिन्त गर्न पुलिस र सरकारी अधिकारीहरू नियुक्त गर्नुभएको छ (रोम १३:१-७)।

तरै पनि परमेश्वरले सृष्टि गर्नुभएको संसारमा केही नराम्रो गल्ति भएको छ।

आदम र हव्वाले उनीहरूमाथि भएको परमेश्वरको शासनलाई इन्कार गरे, जसले सारा व्यवस्था माथि नै भ्रष्टता ल्यायो । त्यसैले अधिकार पाएकाहरूले उनीहरूभन्दा मुनिकाहरूलाई दमन र नियन्त्रण गर्न लालयित भएका छन् । र कसैको अधीनमा भएकाहरूले आफ्नो अगुवाहरूको विरोध गर्न र उनीहरूले दिएका निर्देशनहरूलाई बेवास्ता गर्न लालयित भएका छन् ।

यस्तो कुराको जड खोज्नु भनेको अन्योलमा पुग्नु हो । खीष्टियानहरू भएको कारणले हामी विचार नगरी विद्रोह गर्न अघि सरिहाल्ने हुनुहुँदैन । उचित समयमा दुष्ट अधिकारीहरूको विरोध गर्नु नै पर्छ, तरै पनि ब्रेक नभएको कार हाँक्नु जहिल्यै खतरनाक नै हुन्छ । हामीलाई परमेश्वरले दिनुभएको नियन्त्रण गर्ने संरचनाको आवश्यकता छ ।

ईश्वरीय नेतृत्व संसार र चर्चको लागि उत्तम उपहार हो । यस्तो अगुवापनले खीष्टको बलिदानीपूर्ण सेवाको प्रतिविम्ब गर्दछ । यसले बचाउनको लागि शक्तिको र सुधारको लागि प्रभावको प्रयोग गर्दछ । यसको नजर हाम्रो आनन्दतिर हुन्छ । यसले अगुवाहरूको हृदयमा गहिरो नम्रता र नेतृत्व गरिएकाहरूमा उत्तम आशा प्रदान गर्नुपर्दछ ।

राजा दाऊदको अन्तिम शब्दहरूले परमेश्वरले निमार्ण गर्नुभएको ईश्वरीय नेतृत्वको चित्रण गर्दछ, इस्राएलका परमेश्वर बोल्नुभयो, इस्राएलका चट्टानले मलाई भन्नुभयो: *“जसले न्यायसित मानिसहरूलाई शासन गर्छ, जसले परमेश्वरको भय राखीकन शासन गर्छ, त्यो सूर्योदय हुँदा बादलरहितका बिहानको ज्योतिजस्तै छ, त्योचाहिँ पानी परेपछि जमिनबाट घाँस उमार्ने उज्यालोजस्तै छ”* (२ शमू २३:३-४) । यस दर्शनले चर्चको अगुवापनको बारेमा छलफल लागि पृष्ठभूमि प्रदान गर्दछ ।

उमङ्ग

जब पास्टर अनिलले अगुवाको बारेमा बताउनुभयो तब उमङ्ग छक्क पऱ्यो । उसले अगुवालाई कहिल्यै पनि राम्रो देखेको थिएन, जीवन दिने श्रोतको रूपमा त परै जाओस् । चर्च अगुवाहरू प्रति उसको नजर जहिलेपनि नकारात्मक दृष्टिले भरिएको थियो । उसले यो

अनुमान गर्थ्यो कि तिनीहरू अधिकार प्राप्त र अरू मानिसहरूको जीवनमा दख्खल दिने मानिसहरू हुन् । तर पास्टरबाट उसले जे सुन्यो, त्यसले उसमा आशा जगायो र ऊ यसको बारेमा अझ जान्न इच्छुक भयो ।

स्थानीय चर्चमा नेतृत्व

परमेश्वरले स्थानीय चर्चलाई यस्तो तरिकाले बनाउनु भएको छ कि त्यसले नम्रता, सेवा र जवाफदेहिता प्रवर्द्धन गर्दछ ।

येशू

मुख्य पद *ख्रीष्ट मण्डलीको शिर हुनुहुन्छ, जुन मण्डली उहाँको शरीर हो, र उहाँ स्वयम् त्यसको मुक्तिदाता हुनुहुन्छ* (एफि ५:२३) ।

चर्च नेतृत्वको बारेमा गरिने जुनै पनि छलफल येशूबाट सुरु गरिनुपर्दछ ।

येशू मुक्तिदाता र प्रभु हुनुहुन्छ जसले आफ्नो चर्च निर्माण गर्दैहुनुहुन्छ (मत्ती १६:१८) । *"परमेश्वरले सबै कुरा उहाँका पाउमुनि राखिदिनुभयो, र मण्डली को निम्ति उहाँलाई नै सबै कुराको शिर बनाइदिनुभयो, जुन मण्डली उहाँको शरीर, उहाँको पूर्णता हो । र उहाँले नै सबै थोक परिपूर्ण पार्नुहुन्छ"* (एफि १:२२-२३) । *येशूले प्रेरित र प्रधान पूजाहारीको रूपमा काम गर्नुहुन्छ,* जसले आफ्नी प्रिय दुलहीको निम्ति अन्तरबिन्ती गर्नुहुन्छ (हिब्रू ३:१) ।

चर्चसँग आफ्नो सम्बन्धको बारेमा येशूले यसो भन्नुभयो, *"म असल गोठालो हुँ, म आफ्ना भेडाहरूलाई चिन्छु, अनि मेरा भेडाहरूले मलाई चिन्छन्... म भेडाहरूका लागि आफ्नो प्राण अर्पण दिन्छु... मेरा भेडाहरूले मेरो सोर सुन्छन्, र तिनीहरूलाई म चिन्छु, र तिनीहरू मेरो पछि आउँछन् । तिनीहरूलाई म अनन्त जीवन दिन्छु, र तिनीहरू कहिल्यै नष्ट* हुनेछैनन्, र कसैले तिनीहरूलाई मेरो हातबाट खोसी लैजानेछैन" (यूह १०:१४-२८) । **येशू हाम्रो आत्माको मुख्य गोठालो र संरक्षक हुनुहुन्छ** (१ पत्र २:२५; ५:४) ।

हामीले चर्च अगुवापनको बारेमा छलफल येशूबाट सुरु गरौं किनकि हामीले उहाँलाई भुल्न सक्छौं । स्थानीय चर्चलाई मेरो चर्च र

मानवीय पास्टरलाई मेरो पास्टर भन्दा केही गलत हुँदैन । तर हामीले यो कहिल्यै भुल्नु हुँदैन कि यो येशूको चर्च हो र उहाँको चर्चमा भएका मानवीय अधिकारीहरू केवल भण्डारे र गोठालाको अधीनमा भएका गोठालाहरू हुन् (१ पत्र ५:१-४) ।

रोकिनुहोस्

तपाईंको विचारमा येशूलाई मुख्य गोठालाको रूपमा बारम्बार मनन गर्दा चर्चलाई यसले कसरी मद्दत गर्दछ ?

येशू नै तपाईंको मुख्य गोठालो हुनुहुन्छ जसले चर्चमा हुने सबै कुरालाई मध्यनजर गर्नुहुन्छ भन्ने कुरा थाहा पाउँदा तपाईंले कस्तो उत्साह प्राप्त गर्नुभयो ?

चर्च

येशूले स्थानीय चर्चहरूलाई उनीहरूको माझमा हुने सबै कुरामाथि अधिकार र निर्णय गर्ने अधिकार दिनुभएको छ (मत्ती १६:१९, १८:१८-२०) । एउटा चर्चसँग धर्मसिद्धान्त, अनुशासन, सदस्यता र भण्डारेपनको रखवाली गर्ने दायित्व छ ।

गलातीको पुस्तकमा पावलले गलातीका चर्चहरूलाई झूटो शिक्षामा बरालिएको भन्दै हप्काएका थिए (गला १:१-१०, ३:१)। यूहन्नाको पत्रहरूमा, यूहन्नाले यसो भन्छन् कि एउटा चर्चले विश्वासयोग्य सेवकाइमा सहायता गर्दा ऊ पनि तिनीहरूको विश्वासयोग्यतामा भाग लिनेछ (३ यूह ८) भने झूटा शिक्षकहरूलाई सहायता गर्दा उसले तिनीहरूको दोष आफैँमा लिनेछ (२ यूह १०-११) । अझ भन्नुपर्दा, येशूले भेला भएका चर्चहरूलाई पश्चात्ताप नगरिएका पापलाई उचित तरिकाले चर्चमा शुद्धताको संरक्षण गर्ने गरी सम्बोधन गर्न बोलाउनुभएको छ (मत्ती १८:१५-१७; १ कोर ५:१-१३) ।

प्रकाश २-३ अध्यायमा हामीले येशू चर्चहरू उहाँप्रति बफादारी भएका छन् कि छैनन् भनी जाँच गर्दै हिँड्नुभएको कुरा देख्छौँ । यो सत्य हो कि चर्चको जीवनमा अगुवाहरूले महत्वपूर्ण भूमिका खेल्छन् तर अन्त्यमा चर्च विश्वासयोग्य हुने कुराको समग्र जिम्मेवारी सम्पूर्ण चर्चकै हातमा हुन्छ ।

रोकिनुहोस्

तपाईंको विचारमा के अधिकांश चर्चहरूले येशूले उनीहरूलाई सुम्पनुभएको जिम्मेवारीलाई महसुस गरेका छन् त ?
कसरी चर्चले बहन गर्नुपर्ने जिम्मेवारीले चर्चको संस्कृतिलाई सकारात्मक तरिकाले प्रभाव पार्नसक्छ ?
यदि चर्चले आफ्नो सदस्यता गैर-ख्रीष्टियानहरूलाई पनि दियो भने त्यसले कस्तो दुर्घटना निम्त्याउन सक्छ ? चर्चमा गैर-ख्रीष्टियानहरू नेतृत्वमा पुगे भने त्यसले चर्चलाई कसरी नकारात्मक तरिकाले असर पार्छ ?

एल्डरहरू र पास्टरहरू

चर्चले आफ्नो अख्तियारको प्रयोग गर्ने एउटा तरिका भनेको उनीहरूलाई येशूको आज्ञाकारितामा डोऱ्याउने ईश्वरीय अगुवाहरू चुन्नु हो । यी अगुवाहरूलाई एल्डरहरू वा पास्टरहरू वा बिसपहरू भनिन्छ (प्रे २०:२८; एफि ४:११; १ पत्र ५:२) । सदस्यहरूले यी अगुवाहरूलाई चर्चको उपहार सम्झनुपर्छ । अगुवाहरूले चर्चलाई आत्मिक परिपक्वतामा अगुवाइ गर्ने (१ तिमो ५:१७), विश्वासयोग्य भई परमेश्वरको वचनबाट चर्चलाई खुवाउने (२ तिमो ४:१-५), सेवकाइको निम्ति चर्चलाई सुसज्जित पार्ने (एफि ४:११-१६), र झूटा शिक्षकहरूबाट चर्चलाई बचाउने जिम्मेवारी पाएकाछन् (तीतस १:९) ।

मुख्य पद *तपाईंहरू आफ्ना निम्ति र आफ्नो समस्त बगालको निम्ति सावधान रहनुहोस् । पवित्र आत्माले तपाईंहरूलाई बगालका जिम्मावाल बनाउनुभएको हुनाले उहाँले आफ्नै रगतले किन्नुभएको परमेश्वरका मण्डलीको हेरचाह तपाईंहरू गर्नुहोस्* (प्रे २०:२८) ।

यो पदमा हामीले पिता, पुत्र र पवित्र आत्मा सँगै मिलेर चर्चको तर्फबाट काम गर्नुभएको देख्छौं । पुत्र येशूले आफ्नो रगत क्रूसमा बगाएर चर्चलाई आफ्नो बनाउनुभयो (प्रका ५:९) । पिताको तर्फबाट पवित्र आत्माले चर्चको वास्ता र हेरचाह गर्नका निम्ति एल्डरहरूलाई वरदान दिनुहुन्छ र नियुक्त पनि गर्नुहुन्छ (१ कोर १२:८-११) । चर्च परमेश्वरको हो, र उहाँले अगुवाहरूलाई नियुक्त गर्दै त्यसको ख्याल राख्नुहुन्छ ।

एल्डरहरूलाई नियुक्त गर्दै गर्दा केके कुराहरू हेर्नुपर्छ भनी परमेश्वरले हामीलाई भन्नुहुन्छ। उनीहरू येशूको जस्तै गुणहरू भएका पुरुषहरू हुनुपर्दछ (१ तिमो २:११-३:७; तीत १:५-९)। उनीहरूमाथि औंला ठडिएको हुनुहुँदैन। यसको अर्थ यो होइन कि उनीहरू त्रुटिरहित नै हुनुपर्छ, तर यो हो कि उनीहरू नम्र भएर शुद्ध विवेकसँग बगालको रखवाली गर्नुपर्छ र विश्वासको उदाहरण पनि हुनुपर्दछ (१ तिमो ३:१-७; हिब्रू १३:७; १ पत्र ५:१-५)।

चर्चमा धेरै एल्डरहरू हुनुपर्दछ किनकि धेरै गोठालाहरू मिलेर सेवा गर्नु परमेश्वरको इच्छा हो (प्रे ११:३०; १४:२३; १५:२२; २०:१७; १ तिमो ४:१४; ५:१७; तीत १:५; १ पत्र ५:१-५)। एल्डरहरू बहुसंख्यक हुँदा त्यसले चर्चलाई सुरक्षित पार्छ र कुनै एउटा एल्डरले अधिकारको दुरुपयोग गर्ने कुरालाई रोक्छ।

चित्रण

प्रेमीला अभिभावकहरू अद्भूत उपहारहरू हुन्। कडा र कोमल बुबा र दयालु र स्नेही आमाको मिश्रणले आफ्ना जनहरूप्रति परमेश्वरको प्रेमलाई झल्काउने वास्ता प्रदान गर्दछ। यस्तो बुबाआमा भएको घर समस्याबाट कहिल्यै पनि मुक्त हुँदैन, तर त्यहाँ स्थिरता र मिठासपन हुन्छ, जुन परमेश्वरले आफ्नो सन्तानले आनन्द मनाएर आदर गरेको र पालन गरेको चाहनुहुन्छ (एफि ६:१-३)।

मेरी श्रीमती यस्तो घरमा हुर्किएकी होइनन्। उनकी आमा एक अद्भूत महिला हुनुहुन्थ्यो, तर उनको बुबा ईश्वरीय व्यक्ति हुनुहुन्न थियो। तर परमेश्वरले जुटाउनुभएको विश्वासयोग्य पास्टरहरूबाट उनले पिताको प्रेम पाएको कुरा देख्न पाउनु आनन्दको कुरा थियो।

थेसलोनिकीको विश्वासीहरूले यस्तो प्रकारको वास्ता सिलास, तिमोथी र पावल आफैंबाट पाएको कुरालाई पावलले बयान गर्दछन्: *आफ्ना बालकहरूलाई स्याहार्ने धाइ-आमाझैं तिमीहरूका बिचमा हामी कोमल भयौं। यसैले स्नेहपूर्वक तिमीहरूको चाहना गरेर हामी परमेश्वरको सुसमाचार मात्र होइन, तर हाम्रो प्राणसमेत तिमीहरूलाई दिनु तत्पर थियौं, किनकि तिमीहरू हाम्रा निम्ति अति प्रिय भएका*

थियौं...किनकि तिमीहरूलाई थाहै छ, बाबुले आफ्ना छोराछोरीहरूलाई जस्तै गरि हामीले तिमीहरू प्रत्येकलाई कसरी अर्ती-उपदेश दिँदै र साहस पनि दिँदै तिमीहरूलाई आदेश दियौं, यस हेतुले कि तिमीहरूको चालचलन परमेश्वरको योग्य होस् (१ थेस २:७-१२) ।

उमङ्ग

अगुवाहरूले चर्चलाई कसरी प्रेम गर्नुपर्छ भनी पास्टर अनिलले बताउँदा उमङ्ग मौन भयो । प्रकाशलाई थाहा थियो कि उमङ्गको लागि परिवार एक कठिन विषय हो । बुबाआमासँग कुरा गर्दा उमङ्गले प्रेम बाहेक अरू सबै कुरा पाउँथ्यो । उमङ्गको परिवारसँगको सम्बन्ध बल्झिरहने घाउ जस्तै थियो । प्रकाशले मनमनै सोच्यो कि पास्टरले भनेको कुरा उमङ्गले ध्यान दिएर सुन्यो कि सुनेन ।

प्रकाशले केही कुरा भन्नु अघि नै उमङ्ग आफैं बोल्यो, "मेरो परिवार यस्तो राम्रो छैन । तर म यो देख्दैछु कि परमेश्वरले मलाई यस चर्चमा एउटा नयाँ प्रकारको परिवार दिँदै हुनुहुन्छ । प्रकाश दाजु र प्रतिज्ञा भाउजू मप्रति दयालु हुनुहुन्छ । र अहिलेसम्म तपाईंले बयान गरेजस्तै चर्चका अगुवाहरू पनि हुनुहुन्छ ।"

परमेश्वरले उमङ्गलाई यसरी सम्हालिरहनु भएको देखेर आफू उत्साहित भएको पास्टर अनिलले भन्नुभयो । र उमङ्गलाई यो पनि सोध्नुभयो कि नेतृत्वसम्बन्धी कुन चाहिँ बाइबलको पदलाई आत्मसात् गर्न गाह्रो छ ।

मुख्य पद *तिमीहरूका अगुवाहरूको आज्ञापालन गर, र तिनीहरूका अधीनमा बस । किनकि लेखा दिनुपर्छ भन्ने जानेर नै तिमीहरूले तिमीहरूका प्राणको हेरचाह गर्छन् । यो काम तिनीहरूले आनन्दसाथ गरून् । दु:ख मानेर होइन, नत्रता त्यसबाठ तिमीहरूलाई कुनै लाभ हुँदैन* (हिब्रू १३:१७) ।

यो पदले चर्च र अगुवाहरूबीचको सम्बन्धलाई चित्रण गर्दछ, जसलाई उनीहरूले उनीहरूलाई गोठालो गर्नका निम्ति परमेश्वरबाटको उपहार हो भनी जानेका छन् । चर्चलाई अगुवाहरू प्रति आज्ञाकारी हुन र समर्पित हुन बोलाइएको छ । यसको अर्थ यो होइन कि एल्डरहरूले

चर्चको सदस्यहरूको जीवन नियन्त्रण गर्नुपर्छ । तर यसको अर्थ यो हो कि एल्डरहरूले धर्मशास्त्रअनुसार नेतृत्व गर्दै गर्दा सदस्यहरू आज्ञाकारी भएको परमेश्वरले अपेक्षा गर्नुहुन्छ ।

चर्चले यो कुराको पहिचान गर्दछ कि विश्वासीहरूको आत्माहरूलाई परमेश्वरले निश्चित एल्डरहरूको हातमा सुम्पनुभएको छ । येशू उनीहरूको उद्धारकर्ता हुनुहुन्छ, तर ईश्वरीय अगुवाहरू कै सहायताद्वारा परमेश्वरले आफ्ना मानिसहरूलाई विश्वासमा अडिग रहन मद्दत गर्न चाहनुहुन्छ । यसैले त परमेश्वरले पास्टरहरूलाई यस्तो आज्ञा दिनुहुन्छ *'आफ्ना विषयमा र आफ्नो शिक्षाको विषयमा होशियार बस । यी कुरामा लागिरह । यसो गर्नाले तिमीले आफैंलाई र सुन्नेहरूलाई समेत बचाउनेछौ'* (१ तिमो ४:१६) । परमेश्वरले आफ्ना मानिसहरूलाई स्वर्गतर्फ कदम चाल्न मद्दत गर्नका निम्ति एल्डरहरूको प्रयोग गर्नुहुन्छ । उनीहरूले परमेश्वरको वचन सिकाउँछन्, आत्मिक जोखिमहरूको निम्ति चेतावनी दिन्छन्, पापमा फँसेका भेडाहरूलाई सहायता गर्दछन्, र सदस्यहरूलाई एकअर्कामा पुनर्मिलन हुने माहोल बनाउँछन् ।

जसै एल्डरहरूले बगाललाई नेतृत्व गर्दछन्, तिनीहरूले यो कुरा जानेरै गरेका हुन्छन् कि उनीहरूले आफ्ना सदस्यहरूको आत्माहरूको लेखा बुझाउनुपर्छ । एक दिन आउँदै छ तब सबैले उनीहरूले गरेका कामहरूको एकाएक हिसाब बुझाउनुपर्छ (मत्ती १६:२७; रोम १४:१२) । एल्डरहरू यो न्यायबाट अलग गराइनेछैन । तर वास्तवमा उनीहरूको न्याय झन् कठोर रूपले हुनेछ (याक ३:१) ।

परमेश्वर आफ्ना बगालको बेवास्ता वा शोषण गर्ने गोठालाहरूसँग अति नै रिसाउनुहुन्छ । र परमेश्वर स्वयम् नै आफ्ना भेडाहरू माझ आएर तिनीहरूको हेरचाह गर्ने प्रतिज्ञाहरू गर्नुभएको छ (यर २३:१; इज ३४:१-३१; यूह १०:१-३०) । किनकि सबै पास्टरलाई परमप्रभुले येशूको उच्च गोठालोपनको अधीनमा रहेर चर्चको गोठालो गर्न बोलाउनुभएको छ (१ पत्र ५:१-७) ।

जसै हामी त्यसको दिनको नजिक हुँदैछौं पास्टरहरूले चर्चलाई येशूको सामु ग्रहण योग्य हुने शुद्ध दुलही बन्नलाई तयार गर्नुपर्दछ । प्रेरित पावलले सेवालाई यसरी बयान गर्दछन्, *ईश्वरीय*

डाहले म तिमीहरूप्रति डाही भएको छु । एउटै पतिकी पवित्र दुलहीको रूपमा तिमीहरूलाई प्रस्तुत गर्न मैले ख्रीष्टसँग तिमीहरूको मगनी गरिदिएँ । तर जसरी सर्पले आफ्नो चलाकीले हव्वालाई छल्यो, त्यसरी नै ख्रीष्टप्रतिका तिमीहरूको निष्कपट र चोखो भक्तिबाट तिमीहरूका विचारहरू भ्रममा पर्छन् कि भनेर मलाई डर लागेको छ' (२ कोर ११:२-३) । शैतान जहिलेपनि छलद्वारा विश्वासीहरूलाई भुक्याउन र परमेश्वरबाट टाढा लैजान ढुकी बस्छ (१ पत्र ५:८) । शैतानको युक्तिहरूबाट आफैँलाई र बगाललाई पनि बचाउनका निम्ति पास्टरहरू हरसमय जागरुक भएर बस्नुपर्दछ ।

रोकिनुहोस्

पास्टर के हो र पास्टरले के गर्दछ भन्ने कुराको बयानले चर्च नेतृत्वप्रतिको तपाईंको धारणालाई कसरी प्रभाव पारेको छ ?
यो एक वजनदार बोलावटले चर्चका सदस्यहरूलाई कसरी प्रभाव पार्नुपर्दछ ?

हिब्रू १३:१७ को अन्त्यमा, चर्चलाई एउटा महत्वपूर्ण कुरा स्मरण गराइन्छः *'यो काम तिनीहरूले आनन्दसाथ गरून् ।'* जसै पास्टरहरूले चर्चको सेवा गर्न र मानिसहरूलाई स्वर्गको लागि तयार पार्ने चेष्टा गर्दछन्, त्यसै चर्चले पनि उनीहरूको पास्टरीय सेवालाई आनन्दसाथ लिनुपर्दछ । पास्टरहरूले सेवाको आनन्दलाई थाहा गर्नुपर्दछ (१ थेस २:१९-२०; ३ यूह ४) साथै उनीहरूले त्यहाँ हुने पीडाहरूलाई पनि बुझ्नुपर्छ ।

परमेश्वरले चर्चका सदस्यहरूलाई यो आज्ञा दिनुहुन्छ कि तिनीहरूले आफ्ना पास्टरहरूलाई गनगनको साथ नभई आनन्दसाथ सेवा गर्न देऊन् ।

जब विश्वासीहरू निन्दा, आरोप, आलोचना र कानेखुसीका सिकार बन्छन् तब विनम्रतापूर्वक एकताको लागि कदम चाल्नु भन्दा गनगन गर्नेतिर लम्कनु सजिलो हुन्छ ।

तर जब पास्टरहरूले चर्चका सदस्यहरूलाई सङ्कटको समयमा परमेश्वरलाई भरोसा गर्दै, सतावटलाई सहँदै, एकअर्काप्रति प्रेम देखाउँदै,

र सुसमाचार प्रचारको निम्ति उदारचरित भई दिँदै परमेश्वरको आज्ञाकारितामा हिँडेको देख्छन् तब उनीहरू आफ्नो कामहरू गर्नमा अझ उत्साहित हुन्छन् (फिलि १:३-५; १ थेस १:२-३; २ थेस १:३-४; २ यूह ४)। चर्चहरूले गर्ने सबै कुरामा परमेश्वरको महिमा गर्ने चेष्टा गर्नुपर्दछ- यसमा तिनीहरूले आफ्ना पास्टरहरूप्रति गर्ने प्रेम पनि पर्दछ।

रोकिनुहोस्

तपाईंको पास्टर/एल्डरहरूले गर्ने कामहरूमा तपाईंले कुन तरिकाले उत्साहहरू थप्न सक्नुहुन्छ ?

तपाईंको उत्साहले उहाँहरूलाई परमेश्वरलाई आदर गर्न कसरी मद्दत गर्दछ ?

उमङ्ग

एल्डर/पास्टरहरूको बारेमा धर्मशास्त्रले बताएको कुराहरू सुने पनि उमङ्गलाई कस्तो लाग्यो भनी पास्टर अनिलले सोध्नुभयो । उमङ्गले भन्यो कि पास्टरहरूले परमेश्वरलाई चर्च सदस्यहरूको लेखा बुझाउनुपर्छ भन्ने कुरा सोच्न पनि सकेको थिएन । फेरी उमङ्गले भन्यो, 'पास्टर, अहिले मैले तपाईंको निम्ति जति प्रार्थना गर्दैछु त्यो भन्दा ज्यादा गर्नुपर्ने रहेछ ।'

प्रकाशले पास्टर अनिललाई डिकनहरूको बारेमा उमङ्गलाई बुझाउन र चर्च जीवनमा उनीहरू कहाँ मेल खान्छन् त्यो पनि बताउँदै भेटको अन्त्य गर्न प्रस्ताव राख्यो ।

पुरुष र महिला डिकनहरू

मुख्य पद *"तिमीहरूका बिचमा यस्तो हुनेछैन, तर जो तिमीहरूमा ठूलो हुने इच्छा गर्दछ, त्यो तिमीहरूको सेवक हुनुपर्छ"* (मत्ती २०:२६)।

चर्चमा भएका सबैलाई सेवाको लागि बोलाइएको भए तापनि परमेश्वरले डिकनको कार्यभार/पदलाई एउटा अद्भूत सेवाको निम्ति चुन्नुभएको छ । डिकन शब्दको शाब्दिक अर्थ दास हो, जसले यो पद के को बारेमा हो त्यो प्रष्ट पार्छ । डिकनहरू अद्भूत वरदानहरूले भरिएका सदस्यहरू हुन् जसले चर्चको व्यावहारिक सेवाको पाटो

निभाउँछन् । डिकनहरूले एल्डरहरूसँगै वा उनीहरूको अधीनमा रहेर आफ्ना जिम्मेवारीहरू पूरा गर्दछन् ।

प्रेरितहरूको समयमा एल्डरहरू र डिकनहरू दुवैको पद सक्रिय थियो (फिलि १:१) । उनीहरूको सेवाको दायरा एकअर्कामा निक्कै समानान्तर देखिए तापनि उनीहरू कसरी भिन्न छन् भन्ने थाहा पाउन अत्यन्तै जरुरी छ । एल्डरहरू आत्मिक नेतृत्व र निर्देशनको लागि जिम्मेवारी छन् भने डिकनहरू एल्डरहरूको अधीनमा चर्च भित्र व्यावहारिक आवश्यकताहरूलाई पूरा गर्ने काम गर्दछन् ।

बाइबलमा डिकनहरू पहिलो चोटि प्रेरित ६:१-७ मा पाइन्छन्, जहाँ चर्चमा विधवाहरूको आवश्यकताहरू पूरा गर्नका निम्ति प्रेरितहरूले ईश्वरभक्त सेवकहरू चुनेका थिए । दु:खमा परेका ती विश्वासीहरूलाई राहत दिनका निम्ति उनीहरूले श्रोतहरूको सङ्कलन र वितरण गर्ने जिम्मा पाएका थिए । यस्तो कार्यले चर्चमा आनन्द र एकता ल्यायो, जुन एउटा डिकनको सेवाको फलहरू हुन् । यसले एल्डरहरू र प्रेरितहरूलाई एक ध्यानको भएर प्रार्थना गर्न र येशूलाई पछ्याउने बारेमा धर्मशास्त्रले के सिकाउँछ भन्ने कुरा बयान गर्ने माहोल बनायो, फलस्वरूप धेरै सङ्ख्यामा चेलाहरूको वृद्धि भयो ।

एल्डरहरू र डिकनहरूको बिचमा भिन्नता छुट्याउन महत्वपूर्ण छ । तर यसो गर्ने क्रममा हामीले यो सोच्नु हुँदैन कि एल्डरहरूले मात्रै आत्मिक सेवाहरू दिन्छन् भने डिकनहरूले भौतिक सेवाहरू मात्रै गर्दछन् ।

प्रभु येशूको लागि बोली वचनद्वारा गरिने वा हातका परिश्रमहरूद्वारा गरिने सबै सेवा आत्मिक काम हो ।

विश्वासयोग्य भई वचन प्रचार नगर्ने चर्चसँग हृदय हुँदैन भने असल कामहरू नगर्ने चर्चसँग हातहरू हुँदैन । एउटा चर्च विश्वायोग्य हुन साँचो वचन र दयामय काम दुवै आवश्यकता पर्दछ (याक २:१४-२६) । चर्चलाई दुवै क्षेत्रहरूमा विश्वासयोग्य बनाउनका लागि एल्डरहरू र डिकनहरू सँगसँगै परिश्रम गर्दछन् ।

डिकनहरूको भूमिका महत्वपूर्ण हुने भएकोले उनीहरूलाई यस्तो प्रकारले इज्जत दिइनुपर्छ कि त्यसले उनीहरूलाई समग्र चर्चको

माझमा नै एक नमुना हुन मद्दत पुऱ्याओस् (१ तिमो ३:८-१३) । उनीहरूको योग्यता पनि एल्डरहरू सरह नै हुन्छ र फरक यति हो कि उनीहरूले एल्डरहरूले जस्तै सिकाउन वा आत्मिक अधिकार प्रयोग गर्नपर्दैन । *डिकनहरू आत्मा र बुद्धिले भरिपूर्ण हुनुपर्दछ* (प्रे ६:३) किनकि उनीहरू अक्सर सेवाको अग्रपङ्क्तिमा हुन्छन्, जहाँ पीडा-मर्कामा भएका विश्वासीहरूको आवश्यकतालाई उनीहरूले बुद्धिमानीपूर्वक सम्बोधन गर्नुपर्छ ।

जब एल्डरहरू र डिकनहरूले निभाउने भूमिकाको भिन्नताहरूको बारेमा एउटा चर्च प्रष्ट हुन्छ, तब पुरुष र महिला दुवै आफ्नो क्षमताअनुसार डिकनको पदमा नियुक्त गर्न सकिन्छ । पास्टरको पदमा दिदीबहिनीलाई नियुक्त गर्ने कुरालाई निषेध गरे झैँ डिकनको पदमा उहाँहरूलाई निषेध गरिनुहुँदैन किनकि यहाँ पुरुषहरूमाथि अधिकार गर्नुपर्दैन । केही चर्चहरू यो कुरामा असहमति जनाउँछन्, र तपाईं आफ्नै निष्कर्षमा पुग्न अझ अध्ययन गर्न आवश्यकता छ ।

डिकनहरूले केके गर्दछन् भन्ने कुरा चर्च अनुसार फरक हुन्छ । कोही डिकनहरूले पवित्र विधिहरू तयार गर्ने काम गर्दछन् भने अरू चाहिँ घरमा नै रहने अशक्त विश्वासीहरूलाई सेवा दिन्छन् । डिकनहरूको जिम्मेवारीमा गरिबहरू माझमा सेवा, चर्चमा आर्थिक रेखदेख, विवाह तयारी, चर्चमा सङ्गीतको व्यवस्था र अन्य धेरै कुराहरू पर्दछन् । डिकनहरूलाई दिइएको जिम्मेवारीहरू जे भए तापनि उनीहरूले विश्वासद्वारा सेवा गर्नुपर्दछ, यही कुरा थाहा गर्दै कि *'डिकनले गर्नुपर्ने सेवा जसरी राम्ररी गर्छन् तिनीहरूले आ-आफ्ना निम्ति प्रतिष्ठा र ख्रीष्ट येशूमा भएको विश्वासमा पनि ठूलो भरोसा पाउनेछन्'* (१ तिमो ३:१३) ।

रोकिनुहोस्

एउटा स्थानीय चर्चमा एकता ल्याउन परमेश्वरले डिकनको पदलाई कसरी प्रयोग गर्न सक्नुहुन्छ ?

पास्टरहरू स्वतन्त्र रूपमा र विश्वासयोग्य भई वचनको सेवामा तल्लिन हुन डिकनहरूले सम्हाल्न सक्ने सम्भावित सेवाको क्षेत्रहरू केके हुनसक्छन् ?

उमङ्ग

खाना खाइसकेपछि उमङ्गलाई चर्च नेतृत्वको बारेमा बुझ्न सहायता गरिदिनुभएकोमा उमङ्ग र प्रकाश दुवैले पास्टर अनिललाई धन्यवाद दिए । जब उहाँ जानुभयो, तब प्रकाशले उमङ्गलाई सोध्नुभयो, “तिमीलाई कस्तो लाग्यो ?” पास्टरको व्याख्यासँग मात्र नभएर चर्चलाई व्यवस्थित बनाउनमा परमेश्वरले प्रयोग गर्नुभएको उहाँको बुद्धिलाई थाहा गरेर पनि उमङ्ग निक्कै उत्साहित भयो । उमङ्गलाई यो थाहा भयो कि ती दुवै पदहरूमध्ये कुनैमा रहेर सेवा गर्नुभन्दा पहिले ऊ बाइबलको बुझाइमा निरन्तर वृद्धि हुनुपर्दछ । तर अहिले नै पनि आफूले सक्ने क्षेत्रबाट चर्चलाई सहायता गर्न ऊ राजी थियो ।

कण्ठस्थ पद

तिमीहरूका अगुवाहरूको आज्ञापालन गर, र तिनीहरूका अधीनमा बस । किनकि लेखा दिनुपर्छ भन्ने जानेर नै तिमीहरूले तिमीहरूका प्राणको हेरचाह गर्छन् । यो काम तिनीहरूले आनन्दसाथ गरून् । दुःख मानेर होइन, नत्रता त्यसबाट तिमीहरूलाई कुनै लाभ हुँदैन (हिब्रू १३:१७) ।

सारांश

परमेश्वरले आफ्ना मानिसहरूलाई ती अगुवाहरूका हातमा सुम्पदै वास्ता गर्नुहुन्छ जसले उहाँलाई आदर दिने तरिकामा सेवा गर्दछन् । अगुवाहरूले उनीहरूको अधीनमा रहेकाहरूलाई सेवा गर्न आफ्नो अधिकार प्रयोग गर्दै सधैँ येशूको अनुकरण गर्नुपर्छ । हामी ईश्वरभक्त अगुवाहरूसँग डराउने होइन, तर जसै उनीहरू परमेश्वरलाई पछ्याउँछन् त्यसै हामी पनि उनीहरूलाई पछ्याउँदै परमेश्वरमा भरोसा राख्नुपर्दछ ।

भन्न खोजेको के हो ?

प्रेमले एकअर्काको पापलाई सुधार्ने कुरामा ध्यान दिन्छ ।

पाठ ८.
चर्च अनुशासन

उमङ्ग

बप्तिस्मा लिएर चर्चको हिस्सा बन्न तयार भएकोले उमङ्गले सदस्यता कक्षा लिन थाल्यो। कक्षाको समयमा पास्टर अनिलले चर्च अनुशासनको बारेमा थोरै कुरा भन्नुभयो । उमङ्ग अलमल्ल पऱ्यो किनकि उसले सोचेको थियो कि चर्चले मानिसहरूलाई संलग्न भएको चाहन्छ, तर चर्च अनुशासन प्रेमलाई मास्ने र न्याय गर्ने प्रकारको देखिन्थ्यो ।

उमङ्गसँगै प्रकाश पनि त्यो कक्षामा सहभागी थियो। कक्षापछि चिया पिउँदै उनीहरूले कक्षाको समीक्षा गर्नथाले । उमङ्गले चर्च अनुशासनको बारेमा कुरा उठाई त्यसको बारेमा बाइबलले के भन्छ भनी प्रकाशलाई बुझाउन अनुरोध गऱ्यो ।

चित्रण

केही वर्ष पहिले एउटा विज्ञापन टिभीमा चलेको थियो । जहाँ एउटा केटी हुन्छे, जो उभिएर निहुरी केही कुरालाई हेर्दै गरेको देखिथ्यो । बिस्तारै आवाज आउन थाल्यो र पानीको छचल्को पनि सुनियो ।

केही समयपछि क्यामराको कोण केटीको पछाडि तिर लगियो र यो देखाइयो कि उनी घाटमा बसेर कोही डुबेको हेरिरहेकी थिइन् । त्यसपछि स्क्रिन कालो भयो र एउटा आवाज सुनियो, “यदि तपाईंको साथी डुबिरहेको छ भने, के तपाईं त्यसको बारेमा केही गर्नुहुन्न र ?”

यो विज्ञापन लागू पदार्थमा फसेकाहरूको जीवनमा सकारात्मक हस्तक्षेप गर्नलाई चुनौती दिनका लागि बनाइएको थियो । यसले मानिसहरूलाई औषधमा फसेकाहरूले जीवन नास गर्दैगरेको चुप लागेर हेरिरहन छोड्न र उनीहरूलाई बचाउनका निम्ति हरप्रयास गर्न आह्वान गर्दछ ।

मुख्य पद *मेरा भाइ हो, यदि तिमीहरूमध्ये कोही सत्यबाट बरालिएर जाँदा कसैले त्यसलाई फिराएर ल्यायो भने, त्यसले जानोस् कि जसले एक जना पापीलाई त्यसको कुमार्गबाट फर्काएर ल्याउँछ, त्यसलाई मृत्युबाट बचाउनेछ, र असंख्य पापलाई ढाक्नेछ* (याक ५:१९-२०)।

> परमेश्वरले यही चाहनुहुन्छ कि चर्चका सदस्यहरूले पनि एकले अर्कालाई पापमा चुर्लुम्मै डुब्न नदिओस्।
>
> बरालिएर जाने दाजुभाइ र दिदीबहिनीहरूलाई फर्काएर ल्याउन अनुग्रहद्वारा तिनीहरू उचित कदमहरू चाल्न बाध्य हुनुपर्दछ।

जसरी लागु औषधमा फसेकाहरूलाई सहायता गर्न ईश्वरीय बुद्धिको आवश्यकता पर्दछ, त्यसरी नै बरालिएको भेडालाई खोज्न र कति बेला खोज्न छाड्ने भन्ने पनि थाहा पाउन हामीलाई परमेश्वरको बुद्धिको आवश्यकता पर्दछ।

रोकिनुहोस्

यदि तपाईं डुबिरहनु भएको छ भने, के कोही आएर तपाईंलाई बचाएको तपाईं चाहनुहुन्न र ?
यदि तपाईंको आत्मालाई नास पार्ने पापमा डुबिरहनु भएको छ भने त्यसबेला के त ? त्यस्तो अवस्थामा कोही आएर तपाईंलाई बचाएको के तपाईं चाहनुहुन्छ ?
यदि कुनै ख्रीष्टियानले विनाशकारी निर्णयहरू लिएको देख्नुभयो भने, के तपाईं जिम्मेवारी भई हस्तक्षेप गर्नुहुन्छ ?

हामीले हाम्रा अध्ययनहरूबाट यो कुरा देख्यौं कि चर्चले गर्ने प्रेमले परमेश्वरबाट उनीहरूले पाएको प्रेम प्रतिविम्ब गर्नुपर्दछ। यसैकारण अब हामी परमेश्वरले आफ्ना सन्तानप्रति देखाउनु हुने अनुशासनात्मक प्रेमलाई मध्यनजर गर्दै चर्च अनुशासन सुरु गरौं।

> *किनभने जसलाई परमप्रभुले प्रेम गर्नुहुन्छ त्यसैलाई ताडना दिनुहुन्छ, र आफूले ग्रहण गर्नुभएको हरेक छोरालाई उहाँले दण्ड दिनुहुन्छ* (हिब्रू १२:६)।

परमेश्वर सबै विश्वासीको पिता हुनुहुन्छ। एक समय हामी आफ्ना पापहरूमा रुमलिएर परमेश्वरबाट धेरै टाढा थियौं तर ख्रीष्टको

रगतद्वारा उहाँले हामीलाई नजिक ल्याउनुभएको छ (एफि २:१३)। हामी उहाँको प्रिय सन्तानको रूपमा पुनर्मिलन गरिएका छौं र येशूको स्वरूपमा बढ्दै जाँदैछौं (रोम ८:२९; कल ३:१०)।

परमेश्वरले आफ्ना मानिसहरूलाई निर्माण गर्न दुःख कष्ट लगायत अन्य धेरै कुराहरूलाई प्रयोग गर्नुहुन्छ। यो विचार प्रचलित छैन तर परमेश्वरले हामीलाई तोड्न, जोड्न र रूपान्तरण गर्नका लागि पीडादायक परिस्थितिहरूको प्रयोग गर्नुहुन्छ। परमेश्वरले विरलै आनन्दमय परिस्थितिहरू प्रयोग गरेर हाम्रो जीवनमा आत्मिक वृद्धि ल्याउनुहुन्छ।

हिब्रूको लेखकले परमेश्वरको अनुशासनात्मक प्रेमलाई बयान गरेको सुन्नुहोस्:

मुख्य पद *पापीहरूबाट उहाँको विरुद्धमा भएका यतिका विवादहरू सहनुहुनेलाई विचार गर, र तिमीहरू शिथिल नहोओ, अनि हरेस नखाओ। पापको विरुद्धमा तिमीहरूले गरेका सङ्घर्षमा... के तिमीहरूले अर्तीका ती वचन भुलेका छौ जसले तिमीहरूलाई पुत्रहरू भनि सम्बोधन गरेको छ? "हे मेरो पुत्र, परमप्रभुको ताडनालाई हलुका नसम्झ, उहाँबाटको दण्डमा हरेस नखाऊ, किनभने जसलाई परमप्रभुले प्रेम गर्नुहुन्छ त्यसैलाई ताड्ना दिनुहुन्छ, र आफूले ग्रहण गर्नुभएको हरेक छोरालाई उहाँले दण्ड दिनुहुन्छ।" ताड्नाको निम्ति नै तिमीहरू कष्ट सहन्छौ। परमेश्वरले तिमीहरूसँग छोरालाई झैं व्यवहार गर्नुहुन्छ। किनकि बाबुले ताड्ना नदिएको कुनचाहिँ छोरा हुन्छ र? तर यदि सबै जना सहभागी भएको त्यो ताड्ना तिमीहरूले पाइका छैनौ भनेता तिमीहरू आफ्ना बाबुका खास छोराहरू होइनौ, तर व्यभिचारमा जन्मेका छोराहरू हौ... तर हामी उहाँका पवित्रताको सहभागी हुन सकौं भनेर हाम्रो फाइदाको निम्ति उहाँले ताड्ना दिनुहुन्छ। सबै ताड्ना सुरुमा सुखद हुँदैन तर दुःखदायी हुन्छ, तर ताड्नाद्वारा तालीम पाएकाहरूका लागि यसले पछि धार्मिकताको शान्तिपूर्ण फल उत्पन्न गराउँछ* (हिब्रू १२:३-११)।

रोकिनुहोस्

के परमेश्वरले तपाईंको जीवनमा पीडादायी परिस्थितिहरूलाई प्रयोग गरी उहाँको नजिक खिँच्नु भएको महसुस गर्नुभएको छ ?
यदि छ भने, के तपाईंले कुनै उदाहरण भन्न सक्नुहुन्छ ?
के तपाईंको पार्थिव आमाबुबाले तपाईंलाई अनुशासनमा राख्नुहुन्छ ?
यदि राख्नुहुन्छ भने, के यसले परमेश्वरको अनुशासनलाई प्रतिविम्ब गर्दछ ?
उहाँहरूको अनुशासनले तपाईंलाई परमेश्वरको अनुशासन बुझ्न कसरी प्रभाव पारेको छ ?

चित्रण

इ.स. १५०१ मा इटालीको फ्लोरेन्समा एउटा गिर्जाघर रङ्ग उडिसकेको १८ फिटको मार्बललाई फाल्यो । जुन कोतरिएको, कुरूप र कुनै कुनै ठाउँमा फुटेको पनि थियो । एकजना प्रसिद्ध चित्रकारले त्यसको अध्ययन गरेर छोडेपछि मिचेल्याङ्गो नामक एक जना सङ्घर्षरत युवा चित्रकारले त्यसबाट केही कुरा बनाउने प्रस्ताव राख्यो ।

उसले त्यो १८ फिटको चट्टान नजिकै पाल बनायो र त्यही दिनरात बिताउन थाल्यो । दुई वर्षसम्म उसले छिनो, हम्बर प्रयोग गरेर मार्बललाई छिन्ने काम गऱ्यो र त्यसबाट उसले विश्वप्रसिद्ध मूर्तिहरूमध्ये एउटा अद्भूत मूर्ति बनायो, जुन जवान अवस्थाको राजा दाऊदको थियो ।

जब मिचेल्याङ्गोलाई सोधियो कि उसले कसरी त्यो काम नलाग्ने मार्बलबाट त्यस्तो अद्भूत मूर्ति बनाउन सक्यो तब उसले यसरी उत्तर दियो, "मैले त्यहाँबाट ती सबै कुरा फालिदिँए जुन दाऊदको हिस्सा थिएन ।" यदि तपाईं परमेश्वरको सन्तान हुनुहुन्छ भने यो समय उहाँले पनि तपाईंको जीवनमा ठीक त्यस्तै गर्दैहुनुहुन्छ। उहाँले तपाईंलाई आकार दिदैं येशू जस्तो बनाउन हरेक आवश्यकीय माध्यमहरूको प्रयोग गर्दैहुनुहुन्छ ।

यसको लागि एउटा भूमिका चर्च अनुशासनले खेल्छ। हामीलाई निर्माण गर्नका लागि परमेश्वरले प्रयोग गर्नुहुने एउटा माध्यम भनेको

स्थानीय चर्चको सङ्गति, उत्साह, र अनुशासन हो । यो भन्दै गर्दा मैले दुष्ट चर्चहरूको कुरा गर्दै छुइनँ जसले आफ्ना सदस्यहरूमाथि शोषण गर्दछन् त न ती मध्ययुगको वधशालाहरूको जसले विश्वासयोग्य नभएकाहरूलाई यातना दिने गर्दथ्यो ।

तर म परमेश्वरले प्रयोग गर्नुहुने प्रेमीला र सोद्देश्य सम्बन्धहरूको बारेमा कुरा गर्दैछु जसले हामीलाई सजिलैसँग निल्ने पापहरू विरुद्ध सङ्घर्ष गर्न सहायता गर्दछ । स्थानीय चर्च एउटा यस्तो ठाउँ हो जहाँ सबै विश्वासीले आफ्नो छातीमा 'निर्माण हुने क्रममा' नामक चिन्ह बोकेर हिँड्छन् । परमेश्वरले हामीलाई आत्मिक परिपक्वतामा बढ्न र पापमा फस्नबाट बचाउनका निम्ति चर्च अनुशासनलाई नियमित रूपमा प्रयोग गर्नुहुन्छ ।

रोकिनुहोस्

चर्चमा नआउने एउटा मुख्य कारण मानिसहरूले के हो भनी बताउँछन् ?

म यो दाबा गर्दछु यसको उत्तर *पाखण्डीपन* सँग जोडिएको हुन्छ । म यो गन्ती गर्नै सक्दिनँ कि कति पटक मानिसहरूले विश्वासीहरूको पाखण्डीपन देखेर सुसमाचार सुनाउँदा नाक खुम्च्याउने गर्दछन् । यस्तै कारणहरूले गर्दा नै हो परमेश्वरले स्थानीय चर्चहरूलाई चर्च अनुशासनको बारेमा निर्देशन दिनुहुन्छ ।

चर्च अनुशासन भनेको के हो ?

हामीले पाठ ६ मा यो सिक्यौं कि *स्थानीय चर्च* निश्चित भूभागमा रहेको ख्रीष्टियानहरूको समूह हो जो निरन्तर रूपमा आराधक र येशूको गवाही बनि भेला हुन प्रतिबद्ध छन्। स्थानीय चर्चको सन्दर्भमा प्रतिबद्ध, जवाफदेही र उत्साहपूर्ण सम्बन्धहरूद्वारा सदस्यतालाई छाप लगाइएको हुन्छ ।

चर्च सदस्यताद्वारा ख्रीष्टियानहरूले एकअर्काले गरेको विश्वासको स्वीकारलाई पुष्टि गर्दछन् र एकअर्कालाई येशूप्रति भक्तिपूर्ण जीवन जिउनलाई मद्दत गर्न प्रतिबद्ध हुन्छन् । जब एउटा चर्चले कसैलाई सदस्यतामा ग्रहण गर्दछ, तब उनीहरूले यसको घोषणा त्यस व्यक्ति, चर्च र संसारलाई नै गर्दछन् ।

त्यो व्यक्ति र एकअर्कालाई उनीहरूले वास्तवमा यसो भन्छन्, *"तपाईंले येशूमाथि गर्नुभएको विश्वासलाई हामी घोषणा गर्दछौं। साथै तपाईंलाई प्रेम गर्न, सेवा गर्न, उत्साह दिन, र स्वर्गको यात्रामा भरपूर सहायता गर्न हामी प्रतिबद्ध छौं र तपाईंले पनि हामीलाई त्यस्तै गर्नुहुन्छ भन्ने अपेक्षा गर्दछौं।"*

त्यही समय चर्चले संसारलाई पनि यसो भनिरहेको हुन्छ, *"यो व्यक्ति हामी मध्ये एक भएको छ। यदि तपाईंलाई येशू को हुनुहुन्छ भनी थाहा पाउन मन छ भने यो व्यक्तिलाई हेर्नुहोस् र उनीहरूले भनेको कुरा सुन्नुहोस्। उनीहरूले तपाईंलाई येशू को हुनुहुन्छ भनी देखाउनेछन् र बताउनेछन्।"*

तर यदि विश्वास व्यक्त गर्ने विश्वासीले येशूमाथि भएको विश्वास विपरित जीवन जिउन थाल्यो भने के हुन्छ ? यसको छोटो उत्तर हो 'चर्च अनुशासन।' नयाँ करारमा उल्लेख गरिएको चर्च अनुशासनको प्रक्रियालाई पहिल्याउन हामीलाई बोलावट भएको छ, जसको अन्त्य कुनै विश्वासी हठी भएर पश्चात्ताप नगरी निरन्तर पाप गरिरह्यो भने चर्चबाट निष्कासनमा हुन्छ (मत्ती १८:१५-१८; १ कोर ५:१-१३; तीत ३:१०)।

जब कोही ख्रीष्टियान बन्छ तब उसले पूर्णरूपमा पाप गर्न छोड्छ भन्ने होइन, तर पापसँग उसको सम्बन्ध पूर्णरूपमा परिर्वतन हुन्छ। हामी पापको लेखि मरी परमेश्वरको निम्ति जीवित पारिएका छौं (रोम ६:१-१४)। पवित्र आत्माले हामीलाई येशूसँग एक बनाउनुहुने भएको कारण उहाँले घृणा गर्ने कुरालाई हामी घृणा गर्छौं र उहाँले प्रेम गर्नुहुने कुरालाई प्रेम गर्छौं। साँचो ख्रीष्टियानहरूले उनीहरूमा रहेको पापको विरुद्ध युद्ध गर्दछन्।

जब कुनै व्यक्तिले येशूलाई विश्वास गर्छ तर आफ्नो पापसँग संघर्ष गर्न अनिच्छुक छ भने खतराको घण्टी बज्न सुरु हुन्छ।

त्यो व्यक्ति विनाशमा पुग्ने खतरा छ (एफि ५:३-१३; १ कोर ६:९-११)। चर्च पापको दलदलमा फस्ने जोखिम बढी छ (१ कोर ५:६; गला ५:९)। येशूको नाउँ निन्दित हुने खतरा अधिक छ (रोम २:२४)।

जब स्थानीय चर्चको एउटा सदस्य पश्चात्ताप नगरी पापमा नै रुमलिन्छ र पापबाट फर्कने अरू ख्रीष्टियानहरूको बिन्तीलाई सुन्दैन भने ऊ एक पाखण्डी भएर जिउँछ। यस्तो सन्दर्भमा, पाखण्डी त्यो हो जो आफैँलाई एक ख्रीष्टियान बताउँछ तर साँचो पश्चात्ताप र भक्तिबिना जीवन जिउँछ।

यो पाप यौनसँग सम्बन्धित पाप हुनसक्छ (१ कोर ५:१-११), चर्चको एकतालाई खल्बल्याउने पाप हुनसक्छ (तीत ३:१०-११), वा निरन्तर रूपमा धर्मशास्त्रको आज्ञा उल्लंघन गर्ने कुरा हुनसक्छ (२ थेस ३:१४-१५)।

जब कुनै विश्वासीले यस्तो जीवनशैली अपनाइरहेको छ भने एउटा यस्तो समय आउँछ, जहाँ चर्चले त्यस व्यक्ति विश्वासमा नरहेको घोषणा गर्दै चर्चबाट निष्कासन गर्छ। त्यस्ता व्यक्तिहरूले स्वेच्छासाथ र हठी भई येशू र उहाँको आज्ञाहरूलाई इन्कार गरेको हुनाले *'हामी विश्वास गर्छौं कि तपाईं ख्रीष्टियान हुनुहुन्छ'* भनी उनीहरूलाई हामी भन्न छाड्नेछौँ। *'हेर्नुहोस् एक ख्रीष्टियान यस्तो देखिन्छ'* भनी उनीहरूलाई इङ्गित गर्दै हामीले संसारलाई भन्न छाड्नेछौँ।

यसको अर्थ यो होइन कि को ख्रीष्टियान हो र को होइन भन्ने कुराको छिनोफानो गर्ने अधिकार चर्चसँग छ। वास्तवमा चर्चसँग यस्तो प्रकारको अधिकार छँदैछैन।

केवल परमेश्वरलाई मात्रै पूर्ण रूपमा कोको उहाँका हुन् भन्ने कुरा थाहा छ (२ तिमो २:१९)।

यसको अर्थ यो पनि होइन कि चर्चसँग कुनै व्यक्तिलाई उसको पापको निम्ति दण्ड दिने अधिकार छ।

केवल परमप्रभु मात्र हुनुहुन्छ, जसले ख्रीष्टमा वा न्यायको दिनमा पाप माथि दण्ड ल्याउनुहुन्छ (रोम १२:१७-२१; २ कोर ५:१९-२१)। चर्चको काम पश्चात्ताप नगर्ने पापीहरूलाई आउँदै गरेको *न्याय* को बारेमा केवल चेतावनी दिने माध्यमको रूपमा सेवा गर्नु हो।

उमङ्ग

"एकछिन्!" उमङ्गले बीचैमा कुरा रोक्यो, "यो त अति नै चर्को निन्दा भएन र! येशूले हामीलाई अरूको न्याय नगर्नू भनी भन्नुभएको छैन र?" प्रकाशले आफ्नो बाइबलको पन्नाहरू पल्टायो र उमङ्गको प्रश्नसँग सहमति जनायो।

अरूको न्याय गर्ने बारेमा येशूले के भन्नुभयो त्यो हेरौं:

मुख्य पद *"अरूलाई दोषी नठहराओ, र तिमीहरू पनि दोषी ठहराइनेछैनौ । किनभने जसरी तिमीहरु अरूलाई दोषी ठहराउँछौ, त्यसरी नै तिमीहरू पनि दोषी ठहराइनेछौ । जुन नापले तिमीहरू नाप्तछौ, त्यसै गरि तिमीहरूका निम्ति पनि नापिनेछ । किन तिमी आफ्नो भाइको आँखामा भएको धूलोको कण देख्तछौ, तर तिम्रो आफ्नै आँखामा भएको मूढाचाहिँ थाहा पाउँदैनौ ? अथवा तिम्रो आफ्नै आँखामा मूढा छ भने कसरी तिमी तिम्रो भाइलाई भन्न सक्छौ, 'मलाई तिम्रो आँखाबाट धुलोको कण निकाल्न देऊ ।' ए ढोंगी, पहिले आफ्नै आँखाबाट मूढा निकाल, तब तिम्रो भाइको आँखाबाट धूलोको कण निकाल्नलाई तिमी सफासँग देख्न सक्नेछौ"* (मत्ती ७:१-५) ।

रोकिनुहोस्

के येशूले मानिसहरूलाई कहिल्यै पनि अरूको न्याय नगर्नू भन्नुहुन्छ ?
हामीले अरूलाई न्याय गर्नुभन्दा पहिले के गर्नुपर्दछ भनी येशूले के भन्नुहुन्छ ?
यदि कसैले पहिले आफ्नै पापहरूलाई थाहा गरेर मात्र अरूको न्याय गर्छ भने के ऊ न्याय गर्न अलिक लायकको बन्छ ? किन बन्छ वा किन बन्दैन ?

प्रकाशले उमङ्गलाई यो कुराको निश्चितता दिलायो कि येशूले मानिसहरूलाई पापमा संघर्ष गरिरहेको बेला एकअर्काप्रति खर्रो आलोचक बन्नलाई बोलाउनु भएको छैन । तर येशूले न्याय गर्नलाई बोलाउनु भएको कुरा प्रेममा आधारित छ र यो बरालिएका पापीहरूलाई बचाउने कुरामा केन्द्रित छ ।

चर्च अनुशासनमा एउटा जटिल विषय छ । परमेश्वरले पापीहरूले भरिएको एउटा चर्चलाई पाप गर्दै गरेको सह-विश्वासीलाई उद्धार गर्नका लागि प्रयोग गर्नुहुन्छ । यही कारणले एउटा चर्च सुसमाचारमा केन्द्रित समुदाय हुनुपर्छ । मैले भन्न खोजेको कुरा के हो भने एउटा चर्च जति आफूलाई येशूको अनुग्रहको आवश्यकता भएको महसुस गर्दछ, त्यति नै स्वधर्मी भएर न्याय गर्ने कुरा कम हुन्छ ।

प्रकाशले मत्ती १८ लाई सँगै पढी येशूले आफ्नो चर्चमा बरालिएका सदस्यहरूलाई कसरी प्रेम गर्नुपर्दछ भनी आफ्नो बगाललाई सिकाउनु भएको छ, त्यो हेरौं भनी प्रस्ताव राख्यो ।

रोकिनुहोस्

केही समय लिएर मत्ती १८ पूरै पढ्नुहोस् । साँच्चै बाइबल लिएर पढी हाल्नुहोस् ।

हामी तपाईंलाई यही पर्खिन्छौं ।

मत्ती १८ मा एउटा मुख्य विचार छ जसले तीन प्रमुख गतिविधिहरूको चित्रण गर्दछ । यो अध्यायको मुख्य विचारलाई यसरी संक्षेपमा निकाल्न सकिन्छ: *परमेश्वरको मानिसहरू वास्तापूर्ण प्रेमले छाप लगाइएको हुनुपर्दछ जसले बरालिएका मानिसहरूको खोजी गर्दछ र पश्चात्ताप गर्नेहरूलाई क्षमा गर्दछ ।* येशूले चर्चको हाउभाउको बयान गर्दा (पद १-१४), चर्च प्रक्रियाको बयान गर्दा (पद १५-२०), र चर्चलाई चित्रण गर्दा (पद २१-२५) त्यहाँ यो मुख्य विचारको रूपमा व्याख्या गरिएको छ ।

चर्चको हाउभाउ

मत्ती १८:१-१४ मा हामीले यो देख्छौं कि येशूको राज्य नम्रताले भरिएको छ । उहाँको चेलाहरू मध्ये एक हुन हामी एउटा बालकजस्तै नम्र भएर उहाँमा आउनुपर्दछ । यो नम्रताले हामीलाई एकअर्कालाई कसरी व्यवहार गर्नुपर्छ भनी ज्ञान पनि दिनुपर्दछ ।

चर्च कहिल्यै पनि बाधाको श्रोत हुनुहुँदैन । जब हाम्रा दाजुभाइ र दिदीबहिनीहरू पापमा फस्छन् तब उनीहरूप्रतिको हाम्रो प्रतिक्रिया कडा वा निष्क्रियता दुवै हुनुहुँदैन । हामीले उनीहरूलाई होच्याउने, हल्का रूपमा लिने वा तुच्छ व्यवहार गर्ने कुनै पनि काम कहिल्यै गर्नुहुँदैन । यसले उनीहरूको पश्चात्तापमा बाधा पुऱ्याउन सक्छ ।

तर त्यसको विपरित चर्चले परमेश्वरको हृदयलाई प्रतिविम्ब गर्नुपर्दछ । परमप्रभु गोठालो हुनुहुन्छ जसले आफ्ना भेडाहरूलाई प्रेम गर्नुहुन्छ । उनीहरूमध्ये यदि कोही बरालिएका छन् भने गोठालाले आफ्नो सुरक्षाको घेराबाट बाहिर निस्किएर बरालिएको विश्वासीलाई बचाउन जान्छ, ताकि कोही पनि नहराओस् ।

बरालिएका विश्वासीहरू प्रति हाम्रो प्रतिक्रिया घमण्ड, क्रोध वा चिसो मनले भरिएको हुनुहुँदैन । तर हामीले आफ्नो आनन्दको घेरा नाघेर तिनीहरूलाई बचाउन इच्छुक हुनुपर्दछ । स्वर्गका वैभवहरू त्यागी पृथ्वीमा आएर परमेश्वरको बगालको हरेक सदस्यलाई बचाई यो कुरा येशूले हाम्रो निम्ति गर्नुभएको छ (लूक १९:१०; फिलि २:१-११) । र परमेश्वरलाई धन्यवाद होस्, हाम्रो पापको बावजुत पनि उहाँले हामीलाई खोज्न छोड्नुभएन ।

विचार गर्नुहोस्: *तपाईंको सबै कमीकमजोरी र अनाज्ञाकारिताको बावजुत पनि के परमेश्वरले कहिल्यै तपाईंलाई प्रेम गर्न र तपाईंको खोजी गर्न छोड्नुभएको छ ?* परमेश्वरलाई यो प्रार्थना गर्नुहोस् कि ख्रीष्टबाट तपाईंले पाउनुभएको प्रेमले बरालिएका भेडाहरू प्रति तपाईंको हृदयलाई नरम बनाओस् । तिनीहरूलाई घृणा नगर्नुहोस् तर उनीहरूको खोजी गर्नुहोस्, उनीहरूलाई बचाउनुहोस् र पुनर्मिलनमा ल्याउनुहोस ।

चर्चद्वारा अनुशासनको अभ्यास/चर्चको खोजीकार्य

मत्ती १८:१५-२० मा येशूले चर्चलाई बरालिएका भेडाहरूलाई खोजी गर्ने तीन तहको प्रक्रिया दिनुभएको छ । यो खण्डलाई फेरि पढ्नुहोस् ।

मुख्य पद *"तिम्रो भाइले तिम्रो विरुद्धमा अपराध गर्‍यो भने, गएर तिमीहरू दुई मात्र हुँदा त्यसको दोष देखाइदेऊ । त्यसले तिम्रो कुरा सुन्यो भने, तिम्रो भाइ आफ्नो भयो । तर त्यसले सुनेन भने आफ्नो साथ अरू एक वा दुई जनालाई लैजाऊ र दुई अथवा तीन साक्षीद्वारा प्रत्येक कुरा पक्का होस् । यदि त्यसले तिनीहरूका कुरा पनि सुन्न इन्कार गर्‍यो भने, त्यो तिम्रो लागि विधर्मी र कर उठाउनेसरह होस्"* (मत्ती १८:१५-१७) ।

येशूले चर्चलाई पछ्याउने एउटा प्रक्रिया दिनुभयो, तर यसले प्रार्थना, बुद्धिमानी र पास्टरीय वास्ताको आवश्यकतालाई प्रतिस्थापना गर्दैन । थोरै मात्र परिस्थिति हुन्छ जहाँ कालो र सेतो प्रष्टसँग छुटिन्छ र अधिकांश परिस्थितिहरूमा को सही र को गलत भन्ने प्रष्ट छुट्याउन गाह्रो हुन्छ । मानिसहरू त्यति नै विचित्र छन् जति

उनीहरूको पापसँग संघर्ष छ । त्यसैले चर्च अनुशासनको अभ्यास गर्ने क्रममा येशूले हामीलाई दिनुभएको आज्ञालाई नमिच्न चर्च होसियार हुनुपर्दछ । चर्च अनुशासन मानिसहरूलाई पुनर्स्थापना गर्ने एउटा प्रशासनिक प्रक्रिया मात्रै होइन । तर यो हाम्रो प्रेमको निम्ति मार्गनिर्देशन हो ।

पहिलो चरण - व्यक्तिगत परामर्श

पद १५ मा येशूले यसो भन्नुहुन्छ, *"तिम्रो भाइले तिम्रो विरुद्धमा अपराध गऱ्यो भने, गएर तिमीहरू दुई मात्र हुँदा त्यसको दोष देखाइदेऊ । त्यसले तिम्रो कुरा सुन्यो भने, तिम्रो भाइ आफ्नो भयो ।"* जब कसैले पाप गर्दछन् तब पहिलो कदम भनेको त्यसको बारेमा कानेखुसी गर्ने होइन, न सामाजिक सञ्जालमा हाल्नु हो, वा न त त्यसको बेवास्ता गर्नु पनि हो । तर जसको विरुद्ध पाप गरिएको छ, वा त्यो पापको बारेमा जसलाई थाहा छ, उसले व्यक्तिगत रूपमा पाप गर्ने व्यक्तिसँग भेट गर्नुपर्छ ।

हिब्रू ३:१३ मा यस्तै प्रकारको व्यक्तिगत दायित्व एकअर्कालाई उठाउन आज्ञा गरिएको छ: *जबसम्म आजको दिन भन्ने कुरा छ, तबसम्म एउटाले अर्कालाई अर्ती देओ, र पापको छलछ्यामले तिमीहरू कसैको हृदय कठोर नहोस् ।*

रोकिनुहोस्

के तपाईंले थाहा पाउनुभयो कि पाप गरिरहेको दाजुभाइ वा दिदीबहिनीप्रति पहिलो कदम चाल्ने अभिभारा कसको रहेछ ?

तपाईंको रहेछ ।
मेरो रहेछ ।
यो हाम्रो जिम्मेवारी हो ।

अरूको निम्ति व्यक्तिगत जिम्मेवारी उठाउने कुरा येशूले मत्ती ५:२३-२४ मा र प्रेरित पावलले रोम १२:१८ पनि भनेका छन् । सिधै भन्नुपर्दा, चर्चको शान्ति र शुद्धतामा तपाईंको पनि आंशिक हिस्सा छ । अरूको आत्मिक स्वास्थ्य र वृद्धिमा पनि तपाईंको हात हुनुपर्दछ । हामी आफ्नो भाइको रखवाला हौं ।

एक स्वस्थ चर्चमा चर्च अनुशासनको पहिलो कदम अक्सर चालिनुपर्दछ । यदि कुनै विश्वासीसँग मेरो समस्या छ वा उनीहरूको जीवनमा केही नराम्रो भइरहेको छ भन्ने थाहा पाएँ भने, त्यसको बारेमा कुनैबेला उनीहरूसँग निष्कृय भएर र कुनैबेला जिम्मेवार बोध गर्दै व्यक्तिगत रूपमा कुरा गर्नुपर्दछ । जब यस्तो कुरा हुने गर्दछ तब एउटा चर्चले जहिल्यै पनि एकअर्कालाई अनुशासनमा राखिरहेको हुन्छ ।

एकअर्कालाई पाप विरुद्ध संघर्ष गर्नका लागि हामीबीच अक्सर व्यक्तिगत र सोद्देश्य वार्तालापहरू हुनुपर्दछ । साथै एकअर्कामा अनुग्रहको प्रमाणहरू देखाउन, सत्यतामा एकअर्कालाई डोऱ्याउन, र एकअर्काको बोझहरू र पीडाहरू बहन गर्नका निम्ति पनि हामीबीच यस्तो संवादहरू हुन आवश्यक छ ।

चर्च अनुशासनको पहिलो चरण येशूलाई पछ्याउने क्रमको सामान्य र आवश्यक भाग हो । जब यो नियमित रूपमा हुनेगर्दछ, तब यसले अरू चरणहरूको अनुशासनलाई लागू गर्न सान्दर्भिक हुने कुरा देखाउँछ ।

रोकिनुहोस्

कसैले तपाईंमा पाप देख्यो भने, त्यसको बारेमा तपाईंसँग सामना गर्ने अधिकार कोसँग छ ?
कसले तपाईंलाई यति प्रेम गर्दछ कि उसले तपाईंको निम्ति सुधारको वचनहरू बोल्न सक्छ ?
तपाईंले सुधारको वचनहरूलाई कसरी ग्रहण गर्नुहुन्छ ? के कुराले ग्रहण गर्न मुस्किल बनाउँछ ?
के तपाईंले अरूलाई पनि यस्तै तरिकाले प्रेम गर्नुहुन्छ ?
के कुराले यस्तो प्रकारको प्रेमलाई चुनौतीपूर्ण बनाउँछ ?

दोस्रो चरणमा प्रवेश गर्नुभन्दा पहिले हामी पहिलो चरणको महत्वपूर्ण भागलाई हेरौं । तपाईंले त्यो दाजुभाइ वा दिदीबहिनीसँग कुरा गर्नुको तात्पर्य के हो ? पुनर्मिलन । "त्यसले तिम्रो कुरा सुन्यो भने, तिम्रो भाइ आफ्नो भयो ।" (मत्ती १८:१५) ।

यहाँ उल्लेख गरिएको 'भयो' शब्दले जितेर फेरि आफ्नो पट्टि ल्याउनुलाई जनाउँछ । हरेक चरणको चर्च अनुशासन भनेको पापमा फसेका चर्चका सदस्यहरूको आत्मा जितेर चर्चमा फर्काएर ल्याउनु हो । यो भनेको उनीहरूको आत्मिक सुरक्षा, चर्चको गवाही र हरेक कुरालाई नियालेर हेरिरहनु हुने परमेश्वरको आनन्द हो ।

प्रेमको यो अंश आत्मिक लडाइ हो । हामी मानिसहरूको आत्माको लागि युद्धमा छौँ। हामीले उनीहरूलाई पापमा डुब्न दिनुहुन्न। र परमेश्वरले हामीलाई मानिसहरूलाई उहाँसँग पुनर्मिलनमा आओ भनी बिन्ती गर्नलाई बोलाउनुभएको छ (२ कोर ५:१८-२०) । बरालिएका भेडाहरूको निम्ति हामी परमेश्वरको आवाज बन्नसक्छौँ, र हामीले उनीहरूलाई असल गोठालोको प्रेम हेर्नलाई निमन्त्रणा गर्नसक्छौँ । यो एउटा ठूलो आदर र जिम्मेवारी हो ।

दोस्रो चरण - सामूहिक परामर्श

अधिकांश समय, मानिसहरूसँग सामना गर्दा उनीहरूले पश्चात्ताप गर्नेगर्दछ । उनीहरूले पछुतो मानी क्षमा याचन माग्छन् । तर विडम्बना, सबैले यसो गर्दैनन् । कहिलेकाही उनीहरू हठी हुन्छन् र पाप गरिरहन्छन् । यस्तो बेला हामीले अरूलाई पनि सामेल गराउनुपर्दछ ।

मुख्य पद *"तर त्यसले सुनेन भने आफ्नो साथ अरू एक वा दुई जनालाई लैजाऊ र दुई अथवा तीन साक्षीद्वारा प्रत्येक कुरा पक्का होस्"* (मत्ती १८:१६) ।

यदि कसैले सुन्दैन भन्नुको अर्थ यो हो कि उनीहरूले सुधारको निम्ति आफ्नो कानहरू बन्द गरेकाछन् र परमेश्वरसँग पुनर्मिलन हुनका लागि आफ्नो हृदयलाई पर लगेका छन् । अरू विश्वासीहरूलाई सामेल गराउनु भनेको अक्सर चर्चको आत्मिक अगुवालाई समावेश गराउनु हो । त्यो व्यक्ति एल्डर वा सानो समूहको अगुवा हुनसक्छ । यो बिन्दुमा आएर के भइरहेको छ त्यसको जानकारी गराउन र कुराकानी गर्दा आत्मिक बुद्धिको लागि अरू कसैलाई यसरी सामेल गराउन उपयुक्त हुन्छ (हितो ११:१४; गला ६:१-२) ।

कहिलेकाँही सार्वजानिक रूपमा फैलिएको काण्डको सन्दर्भमा यो चरणको अभ्यास नगर्दा पनि हुन्छ (१ कोर ५:१-१३) । तरै पनि सामान्य अवस्थामा दोस्रो चरणको अनुशासन केही समयसम्म चल्नसक्छ । पापको पश्चात्तापलाई थाहा गर्न मुस्किल भएकोले गर्दा संघर्षरत विश्वासीलाई सहायता गर्न केही विश्वासीहरू उसँग नियमित सम्पर्कमा हुन उचित हुन्छ । मैले यस्तो धेरै घटनाहरूको सामना गरेको छु र परमेश्वरले मानिसहरूलाई प्रयोग गरेर उनीहरूलाई स्वतन्त्र बनाएको गवाही पनि देखेको छु । हामीले जहिल्यै पनि यस्तो नतिजाको निम्ति प्रार्थना गर्नुपर्दछ ।

उमङ्ग

उमङ्गले यो देख्यो कि येशूले चर्चलाई प्रष्ट निर्देशनहरू दिनुभएको रहेछ । उसले यो कुरा देखेर उत्साहित भयो कि कसरी चर्चले गर्ने प्रेमले चर्चप्रति खीष्टको प्रेमको प्रतिविम्ब गर्नुपर्दछ । उमङ्गलाई एउटा कुराको कौतूहल अझ थियो, कि कसैले सुधारलाई अझै पनि बेवास्ता गऱ्यो र निरन्तर आफ्नै पापमा लागिरह्यो भने के हुन्छ ?

तेस्रो चरण - चर्चबाट निष्कासन

एउटा यस्तो समय आउँछ जहाँ एक व्यक्तिले उसको नजिकका मानिसहरूको बिन्तीलाई सुन्दैन र सम्पूर्ण चर्च नै संलग्न हुनुपर्दछ । परमेश्वरले बरालिएको भेडाको निम्ति चर्चलाई कृपाको अन्तिम सन्देशवाहकको रूपमा प्रयोग गर्नुहुन्छ । कसैले पनि अनुशासनको प्रक्रिया यहाँसम्म पुगेको चाहँदैनन् तर दुःखलाग्दो कुरा कहिलेकाँही यो कदम पनि उठाउनैपर्ने हुन्छ ।

मुख्य पद *"यदि त्यसले तिनीहरूका कुरा पनि सुन्न इन्कार गऱ्यो भने, मण्डलीलाई भन । त्यसले मण्डलीको कुरा पनि सुन्न इन्कार गऱ्यो भने, त्यो तिम्रो लागि विधर्मी र कर उठाउनेसरह होस्"* (मत्ती १८:१७) ।

सारा चर्च नै त्यो व्यक्तिको आत्माको वास्ता गर्न प्रतिबद्ध भएको कारण उनीहरू परमेश्वरको सामु खडा हुनुभन्दा पहिले सारा चर्चले नै त्यसलाई अन्तिम चेतावनी दिनुपर्दछ ।

हाम्रो चर्चमा तेस्रो चरणको अनुशासन चर्चको सदस्यहरूको लागि मात्र लागू हुन्छ ।

यस्तो प्रकारको छलफल हामी नियमित सेवा सङ्गतिमा गर्दैनौं तर चर्चका सदस्यहरू भेला भएको ठाउँमा मात्रै गर्दछौं । यस्तो बेला हामी चर्चलाई भएको कुरा बेलिविस्तारमा भन्छौं तर सदस्यहरूलाई अनेकौं अन्दाज लगाउने नानाभाँति कुराहरू गर्दैनौं ।

जब हामीले चर्चलाई कुराहरू प्रस्तुत गर्दछौं तब उनीहरूलाई व्यक्तिगत रूपमा चिन्ने सदस्यहरूलाई पश्चात्ताप गर्नका लागि फकाउने मौका दिन्छौं । र उनीहरूलाई राम्रोसँग नजान्ने व्यक्तिहरूलाई चाहिँ त्यस बेला उनीहरूसँग सम्बन्ध विकास गर्न अग्रसर नभई प्रार्थनामा लागिरहन उत्साह दिन्छौं । यो परिषद् कुनै पनि प्रकारको बाइबलीय आज्ञामा निर्भर नभई परिस्थितिको मागअनुसार सान्दर्भिक बुद्धिमा आधारित हुन्छ ।

यस्तो प्रक्रियामा सहभागी हुने व्यक्तिहरूले आफ्नो हृदयलाई सुरक्षित राख्नुपर्दछ ।

गलातीको पत्रमा प्रेरित पावलले यसो भन्छन्, *"भाइ हो, यदि कुनै मानिस अपराधमा पक्राउ पर्‍यो भने तिमीहरू जो आत्मिक छौ, तिमीहरूले नै नम्रतापूर्वक तिनको सुधार गर । आफ्नै पनि विचार राख, नत्रता तिमीहरू पनि परीक्षामा पर्नेछौ । एउटाले अर्काको भार उठाओ, र यसरी ख्रीष्टको व्यवस्था पूरा गर"* (गला ६:१-२) । बरालिएको भेडाहरूलाई पुनर्स्थापना गर्नेहरू क्रोधित हुन, दोष मात्र थुपार्न र स्वधर्मी भएर न्याय गर्न लालयित हुनसक्छन् । त्यसैले यस्तो बेला उनीहरूले निरन्तर रूपमा येशूमा आफ्नो आँखा लगाउनुपर्दछ र उनीहरूलाई यस्तो पापमय घमण्डबाट बचाउनुहोस् भनी उहाँसँग प्रार्थना गर्नुपर्दछ ।

यदि बरालिएको व्यक्तिले पश्चात्ताप गर्न चाहेन भने के हुन्छ ?

येशूले भन्नुहुन्छ, *"त्यो तिम्रो लागि विधर्मी र कर उठाउनेसरह होस्"* (मत्ती १८:१७) । हामीलाई बरालिएका भेडाहरूको खोजी गर्न बोलाउनु हुने येशूले नै हामीलाई यो कुरा भन्नुहुन्छ कि एउटा समय आउँछ जब हामीले खोजी गर्न छोडेर नम्रतापूर्वक न्याय गर्दै अपश्चात्तापी पापीहरूलाई चर्चबाट निष्कासन गर्नुपर्दछ ।

चर्च अनुशासनको बारेमा सोच्दा मानिसहरूले प्रायः यही कुरालाई सोच्ने गर्दछन् । जब चर्च यो चरणको प्रक्रियामा पुग्छ तब उनीहरूले त्यस व्यक्तिसँग विश्वासको कुनै पनि सम्बन्ध नभएको घोषणा गर्दछन् । यसको मतलब त्यो व्यक्तिको सदस्यता चर्चबाट रद्द भएको छ र ऊ प्रभु-भोजमा सहभागी हुनलाई अब उप्रान्त निमन्त्रित हुँदैन ।

जब येशूले अपश्चात्तापी पापीलाई *अन्यजाति र कर उठाउने* व्यक्ति सहर व्यवहार गर्नु भनी चर्चलाई आज्ञा दिनुहुन्छ, यसको अर्थ यो होइन कि ऊ कहिल्यै पनि चर्च आउन सक्दैन । उहाँले भन्न खोज्नुभएको कुरा यति मात्र हो कि उनीहरूलाई विश्वासी सरह व्यवहार गर्नु चाहिँ हुँदैन । ख्रीष्टियानहरूले उनीहरूलाई अझै पनि प्रेम गर्नुपर्दछ तर एक विश्वासीको रूपमा नभएर पापीको रूपमा जसलाई येशूले प्रेम गर्नुहुन्छ ।

चर्चले लिने यो निर्णय हृदयविदारक छ ।

यसले ठूलो शोक ल्याउँछ । जब चर्चले यो कदम उठाउँछ तब सधैं यो आशा राख्नुपर्छ कि यसले अपश्चात्तापी व्यक्तिलाई पुनर्स्थापना गर्नेछ र चर्चलाई नम्र बनाउनेछ ।

यदि कोही चर्चअनुशासनमा परेको छ भने उनीहरू नियमित रूपमा आराधना सेवामा सहभागी हुन सक्छन् ।

वास्तवमा भन्ने हो भने, एउटा पापीको लागि प्रष्टसँग सुसमाचारको घोषणा सुन्ने उत्तम ठाउँ चर्चभन्दा बाहिर कतै छैन । तर उनीहरूले प्रभु-भोजमा सहभागी हुनुहुँदैन र चर्चको जिम्मेवारीहरू पनि बहन गर्नुहुँदैन (१ कोर ५:११) । यो कुरा कुनै सन्दर्भमा लागू नहुनसक्छ तर चर्चमा यस्तो कुरा हुनैपर्दछ ।

चित्रण

केही समय अघि एउटा चर्चले लामो समयदेखि मद्यपान गर्ने विश्वासीलाई अनुशासनमा राखीरहेको थियो । त्यो प्रक्रिया करिब दुई वर्षसम्म चलेको थियो र चर्चले असहज परिस्थितिको सामना गर्नुपर्‍यो । यो प्रक्रियाको क्रममा एक जना महिलाले उसलाई चर्चबाट निष्कासन गर्ने प्रस्तावको इन्कार गर्‍यो ।

किन इन्कार गरेकी भनी राय थाहा पाउनका लागि चर्चका अगुवाहरू त्यस महिलासँग भेट गर्नुभयो । केही चरणको वार्तालाप पछि उनले यो कुरा रुँदै स्वीकार गरिन् कि उनी पनि प्रभुको निम्ति जिइरहेकी थिइनन् । त्यो मानिसलाई अनुशासनमा राख्दा उनलाई रिस उठ्यो किनकि उनले यो महसुस गरिन् कि उनी पनि त्यही अवस्थामा थिइन् । परमेश्वरले आफ्नो महिमाको प्रदर्शन गर्न र मानिसहरूलाई आफूतिर खिँच्नका निम्ति चर्च अनुशासनको प्रयोग गर्नुभयो ।

चर्चको लागि चित्र

अन्तिममा आएर पश्चात्ताप गर्ने व्यक्तिलाई चर्चले कसरी व्यवहार गर्नुपर्छ ? उनीहरूले त्यस व्यक्तिलाई क्षमा दिएर चर्चको सङ्गतिमा पूर्णरूपमा स्वागत गर्नुपर्दछ । क्षमा दिनु हामी सबैलाई गाह्रो लाग्छ । प्रेरित पत्रुसको कुरालाई मनन गरौं: पत्रुस, *"प्रभु, मेरो भाइले कति पल्ट मेरो विरुद्धमा अपराध गरे मैले त्यसलाई क्षमा गर्ने ? के सात पल्टसम्म ?" येशूले तिनलाई भन्नुभयो, "म तिमीलाई भन्दछु, सात पल्ट होइन, तर सत्तरी गुणा सात पल्ट"* (मत्ती १८:२१-२२) ।

येशूले भन्न खोज्नुभएको कुरा यो होइन कि हामीले हिसाब राखिराख्ने र ७७ पल्ट भएपछि क्षमा गर्न बन्द गर्ने ।

उहाँले प्रेरितहरू र हामीलाई पनि यो सिकाउँदै हुनुहुन्थ्यो कि परमेश्वरले हामीलाई क्षमा दिनुभएको छ, त्यसैले हामीले पनि पापमा संघर्ष गरिरहने तर पुनर्मिलन रोज्नेहरूलाई क्षमा दिनुपर्दछ ।

मत्ती १८:२१-२२ पछि क्षमापनलाई बुझाउन येशूले दिनुभएको क्षमाशील राजाको दृष्टान्तले क्षमा पाएका मानिसहरू भएको नाताले पुनर्मिलनको खोजी गर्नेहरूलाई क्षमा दिनु हाम्रो दायित्व हो भनी प्रष्टसँग चित्रण गर्दछ । फेरि पनि चर्च अनुशासनको उद्देश्य कहिल्यै पनि दण्ड होइन ।

यो त सधैं पुनर्स्थापना र पुनर्मिलन हो ।

रोकिनुहोस्

के कुराले अरूलाई क्षमा दिन गाह्रो बनाउँछ ?

येशूको क्षमापनलाई मनन गर्दा यसले तपाईंलाई अरू कसैलाई क्षमा दिने कुरामा कसरी मद्दत पुऱ्याउँछ ?

यदि चर्चले पहिले निष्कासन गरेका विश्वासीले पश्चात्ताप गरेपछि फेरी चर्चमा पुर्नस्थापना गर्दा कस्तो प्रकारको गवाही दिन्छ ?

चर्च बाहिरका मानिसहरूले चर्च अनुशासनलाई कसरी गलत तरिकाले बुझ्छन् ? हामीले येशूको आज्ञा पालन गर्ने क्रममा यसले हामीलाई कसरी प्रभाव पार्नुपर्दछ ?

चित्रण

यसको अन्त्य गर्नलाई म तपाईंसँग मेरो साथी मिकलको गवाही बाँड्न चाहन्छु । उसलाई चर्चले लगातार व्यभिचार गरेको र झुट बोलेकोमा चर्चबाट निष्कासन गरिएको थियो ।

वर्षौं पछि परमेश्वरले उसको चर्चले उसप्रति गरेको कठोर प्रेमलाई प्रयोग गरेर उसको जीवन परिवर्तन गर्नुभयो । चर्चले निष्कासन गरेको सात वर्षपछि ऊ त्यही चर्चमा फर्किएर यो पत्र पढ्यो:

> *"यो चर्चको प्रेमद्वारा परमेश्वरले मप्रति देखाउनु भएको दयालाई व्यक्त गर्न मलाई गाह्रो भइरहेको छ । जब म यो चर्चबाट र परमेश्वरबाट टाढा गएँ तब मेरो जीवन छलकपट, पाखण्डीपन र अनैतिकताले भरिएको थियो । मैले तपाईंहरू सबैलाई आफ्नो शब्दहरूले नढाँटे तापनि मेरो जीवनद्वारा ढाँटिरहेको थिएँ । त्यसको लागि म क्षमा माग्छु । मैले मेरा आमाबुबालाई, परिवारलाई र अझ नराम्रोगरी मेरो प्रभुलाई सर्ममा पारेँ । तर मेरो भड्किलोपनमा परमेश्वरले मलाई मेरा पापदेखि बचाउनु भयो र पश्चात्तापमा ल्याउनुभयो...*
>
> *यस चर्चमा हुनुभएको अगुवाहरूलाई म धन्यवाद दिन चाहन्छु । उहाँहरूले कठिन भए तापनि धर्मशास्त्रको*

पालन गर्नुभयो । मत्ती १८ ले चर्च अनुशासनको लागि मार्गनिर्देशन दिन्छ र उहाँहरूले त्यसलाई पछ्याउनुभयो । उहाँहरूले त्यो कुरा पनि गर्नुभयो जुन उहाँहरूले गर्नुपर्दैन थियो । उहाँहरूले त्यो कदम चल्दाखेरि मसँग समय बिताइरहनु पर्दैनथ्यो । मेरो हालखबर बुझिरहन पर्दैनथ्यो । उत्साह दिइरहन पर्दैनथ्यो । मेरो निम्ति प्रार्थना गरिरहेको छु भनिरहनु पर्दैन थियो । मलाई भक्तिपूर्ण इमेलहरू लेखिरहन पर्दैनथ्यो । उहाँहरूले बारम्बार मलाई पश्चात्ताप गर भनी बिन्ती गरिरहन पर्दैनथ्यो । मैले सोचेको थिएँ कि उहाँहरूले मलाई छिटोभन्दा छिटो चर्चबाट निकाल्नुहुन्छ तर उहाँहरूले मप्रति अद्भूत प्रेम देखाउनुभयो । म मेरै कारणले चर्चबाट निष्कासन भएको हुँ । तर त्यसले मेरोभन्दा पनि ज्यादा तपाईंहरूको र सुसमाचारको गवाहीमा दाग लगाउने काम गऱ्यो ।

साप्ताहिक सङ्गतिमा गरिने सुसमाचारको घोषणा र परमेश्वरको वचनको व्याख्या बाहेक चर्चको पवित्र विधिले मात्रै मलाई सुसमाचारको नजिक ल्याउँछ जस्तो लाग्थ्यो तर चर्च अनुशासनको उचित अभ्यासले पनि मलाई सुसमाचारको यति नजिक ल्याउँछ त्यो सोचेको थिइन । म यो आशा गर्दछु कि तपाईंहरू पनि मजस्तै हिब्रू १२ अध्याय पढ्दा उत्साहित हुनुहुन्छ । 'जसलाई परमेश्वरले प्रेम गर्नुहुन्छ त्यसैलाई ताड्ना दिनुहुन्छ ।' उहाँले प्रेम गर्नुहुनेलाई ! तपाईंले मलाई अनुशासनमा राखेर प्रेम देखाउनु भयो । तपाईंहरूले मलाई ख्रीष्टको बलिदानको सुन्दरता र गम्भीरता देख्न सहायता गर्नुभयो.... चर्च अनुशासन कै कारण मैले आँखाहरू खोल्न सकेँ...चर्च अनुशासन कै कारण मैले संसारलाई चाखेँ र त्यो तितो रहेको पाएँ... चर्च अनुशासन कै कारण मैले चर्च बाहिरको जीवन एकदमै

चिसो पाएँ। तर मैले सङ्गति, अनुग्रह र प्रेमलाई सम्झेँ। मैले यस चर्चलाई सम्झेँ। परमप्रभुले पास्टरहरूलाई र तपाईंको अद्‌भूत उदाहरणहरूलाई प्रयोग गरेर उहाँमा फेरी पनि मलाई खिँच्नु भयो... उहाँहरूको लागि म परमेश्वरलाई धन्यवाद दिन्छु। र तपाईंहरूको निम्ति पनि म परमेश्वरलाई धन्यवाद दिन्छु।"

उमङ्ग

अरूलाई कठोर व्यवहार जस्तो लागे तापनि परमेश्वरले चर्च अनुशासनलाई प्रेमको रूपमा प्रयोग गर्नुभएको देख्दा उमङ्ग अचम्मित भयो। उसले यो पनि आशा गऱ्यो कि उसलाई यस्तो प्रकारको प्रेमका साथ चर्चले खोजी नगरोस्। तर यो कुरा पनि ऊ आशावादी भयो कि यदि उसलाई यस्तो प्रेमको आवश्यकता भयो भने येशूले जस्तै चर्चले पनि कदम चाल्नेछ।

कण्ठस्थ पद

मेरा भाइ हो, यदि तिमीहरूमध्ये कोही सत्यबाट बरालिएर जाँदा कसैले त्यसलाई फिराएर ल्यायो भने, त्यसले जानोस् कि जसले एक जना पापीलाई त्यसको कुमार्गबाट फर्काएर ल्याउँछ, त्यसलाई मृत्युबाट बचाउनेछ, र असंख्य पापलाई ढाक्नेछ (याक ५:१९-२०)।

सारांश

परमेश्वरले आफ्ना मानिसहरूलाई चर्चद्वारा प्रेम प्रकट गर्नुहुन्छ। यदि हामी परमेश्वरबाट बरालिएर हिँड्छौँ भने हाम्रा पापहरू त्याग्न र उहाँमा पुनः फर्कनलाई सहायता गर्न चर्चलाई प्रयोग गर्नुहुन्छ र यसैमा उहाँले हामी प्रतिको उहाँको प्रेम देखाउनुहुन्छ।

भन्न खोजेको के हो ?

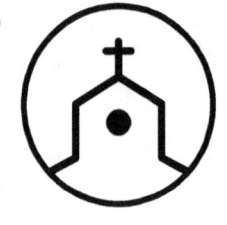

ख्रीष्टियानहरूले येशूलाई पछ्याउनुका लागि एकअर्कालाई साहयता गर्नुपर्छ ।

पाठ ९
चर्चको मिसन के हो ?

उमङ्ग

चर्च जान थालेको उमङ्ग केही महिना मात्र भएको थियो तर आफू पहिलेको व्यक्ति नभएको कुरा महसुस गरिसकेको थियो । परमेश्वरले उसमा उहाँको सेवा गर्ने र अरूलाई उहाँमा आउन मद्दत गर्ने नयाँ इच्छा हालिदिनुभएको छ । तर उसले यो सबै कसरी गर्नुपर्छ ? चर्चले गरिरहेको कुन कामको हिस्सा ऊ बन्न सक्छ ?

एक दिन चिया पिउने क्रममा उमङ्गले प्रकाशलाई उसमा जाग्दै गरेको भावनाहरू पोख्यो । प्रकाशले आफ्नो बाइबल लियो र पन्नाहरू पल्टाउन थाल्यो । र पन्ना पल्टाउँदै उमङ्गलाई भन्यो कि पवित्र आत्माले उसको हृदयलाई परमेश्वरले उहाँको चर्चप्रति राख्नुभएको योजनाप्रति प्रतिबद्ध हुनका निम्ति परिवर्तन गर्दै हुनुहुन्छ ।

अनि आफ्नो बाइबललाई खोलेर प्रकाशले उमङ्गलाई हेर्दै भन्यो, "मैले तपाईंलाई जे कुरा भन्न गइरहेको छु, त्यो येशूको आगमनलाई पर्खने क्रममा चर्चलाई गर भनी उहाँले भन्नुभयो । यसलाई धेरैले महान् आज्ञा पनि भन्छन् ।"

मुख्य पद *"स्वर्ग र पृथ्वीमा समस्त अधिकार मलाई दिइएको छ । यसकारण जाओ, र सबै देशका जातिहरूलाई चेला बनाओ, पिता र पुत्र र पवित्र आत्माको नाउँमा तिनीहरूलाई बप्तिस्मा देओ, मैले तिमीहरूलाई आज्ञा गरेका सबै कुरा पालन गर्न तिनीहरूलाई सिकाओ । हेर, म युगको अन्त्यसम्म सधैँ तिमीहरूका साथमा छु"* (मत्ती २८:१८-२०) ।

चर्चले गर्नसक्ने धेरै महत्वपूर्ण कुराहरू छन् तर उनीहरूले थोरै मात्र गर्नुपर्दछ । त्यसमध्ये एक महान् आज्ञा पनि हो । यसले चर्चको मिसन वक्तव्यको रूपमा काम गर्दछ । यसले येशूको दोस्रो आगमन नभएसम्म

चर्चले के गर्नुपर्दछ भन्ने कुराको चित्र कोर्छ । यस आज्ञालाई अझ गहिराइमा बुझ्न हामीले येशूको अधिकार, येशूको आज्ञा र येशूको प्रतिज्ञालाई हेरौं ।

१. येशूको अधिकार

आफ्ना चेलाहरूलाई अन्तिम आज्ञा दिने क्रममा येशूले स्वर्ग र पृथ्वीको समस्त अधिकार उहाँलाई सुम्पिइएको घोषणा गर्नुभयो । यो एउटा चरम दाबी हो, जुन हल्का रूपमा लिनुहुँदैन । सुसमाचारले हामीलाई यो बताउँछ कि येशू परमेश्वरको अनन्तदेखि नै पुत्र हुनुहुन्छ जसले हामीलाई बचाउन स्वर्ग छोड्नुभयो । उहाँ परमेश्वर हुनुहुन्छ, तरै पनि उहाँ मानिस बन्नुभयो । जसै प्रेरित यूहन्नाले भन्छन्, *"अनि वचन देहधारी हुनुभयो, र अनुग्रह र सत्यताले पूर्ण भई हाम्रा बिचामा वास गर्नुभयो"* (यूह १:१४) ।

> येशूले पाप रहित जीवन जिउनुभयो ।
> उहाँले सधैं पिता परमेश्वरलाई आनन्दित तुल्याउनुभयो,
> र परमेश्वरको राज्यको सुसमाचार प्रचार गर्नुभयो ।
> उहाँले मानिसहरूलाई तिनीहरूको पापहरूदेखि पश्चात्ताप गर्न र उहाँमा भरोसा गर्नलाई आह्वान गर्नुभयो ।
> उहाँसँग मानिसहरूको पापहरू क्षमा गर्ने अधिकार छ भनी प्रमाण दिन उहाँले आश्चर्यकर्महरू गर्नुभयो ।

तर प्रभुको रूपमा ग्रहण गरिनुको सट्टा येशूले धोका पाउनुभयो, पक्राउ पर्नुभयो, बेइज्जती र कुटाइ सहनुभयो, र क्रूसमा यातना भोग्दै मर्नु पनि भयो । तीन दिनसम्म चिहानमा बसेपछि परमेश्वरले चिहानको ढोका खोलिदिनुभयो र यो कुरा देखाउनु भयो कि येशू मृत्युबाट बौरी उठ्नुभएको छ ! येशू जीवित हुनुहुन्छ ! येशू जीवित हुनुहुन्छ ! परमेश्वरको विजयी पुत्रले पापको श्राप अर्थात् मृत्युलाई परास्त गर्नुभयो ।

पुनरुत्थानपछि येशू चालीस दिनको अवधिमा सयौं मानिसहरूको सामु प्रकट हुनुभयो । येशूले चेलाहरूको सामु *"स्वर्ग र पृथ्वीमा समस्त अधिकार मलाई दिइएको छ"* भनी घोषणा गर्नुहुँदा उहाँले

सार्वभौमिकता दाबी गर्दै हुनुहुन्थ्यो । उहाँलाई सुन्नेहरूमध्ये धेरैले यो थाहा पाए होला कि यो दाबीले दानिएल ७ अध्यायको ईश्वरवाणीलाई प्रतिध्वनी गर्दछ, जसमा हामीले न्यायको दिनमा स्वर्गीय अदालतमा जम्मा भएको देख्छौं:

मुख्य पद *जसै मैले हेरें, सिंहासनहरू बसालिए, र अनि प्राचीन आफ्नो सिंहासनमा बस्नुभयो । उहाँका लुगा हिउँजस्तै सेता थिए, उहाँको शिरको केश ऊनजस्तै सेतो थियो । उहाँको सिंहासनमा बलिरहेको आगोको ज्वाला थियो, र त्यसका चक्काहरूमा दन्केको आगो थियो । उहाँको सामुबाट आइरहेको आगोको एउटा नदि बगिरहेको थियो । हजारौँ हजारले सेवा गर्थे; दश हजार गुणा हजार उहाँको सामु उभिएका थिए । न्यायको निम्ति अदालतको बैठक बसेको थियो, र पुस्तकहरू खोलिए... राती मैले दर्शनमा हेरें, र त्यहाँ मेरो सामु आकाशका बादलका साथ आइरनुभएको एक जना मानिसको पुत्रजस्तै हुनुहुन्थ्यो । उहाँ ती अति प्राचीनकहाँ आउनुभयो, र उहाँकै सामु उपस्थित गराइनुभयो । उहाँलाई अधिकार, महिमा र सार्वभौमिक शक्ति दिइयो, र हरेक भाषा बोल्ने सबै मानिसहरू र जातिहरूले उहाँको आराधना गरे । उहाँको प्रभुत्व अनन्तसम्म रहने प्रभुत्व छ, जुनचाहिँ कहिल्यै टल्नेछैन, र उहाँको राज्य त्यो हो जुन कहिल्यै नष्ट हुनेछैन* (दान ७:९-१४) ।

यो गम्भीर दृश्यले हामीलाई एक दिन आउँदैछ जहाँ सबै मानिस उनीहरूले गरेको कामअनुसार न्यायमा पर्छन् भन्ने कुराको स्मरण गराउँछ (मत्ती १६:२७; रोम २:४-६) । त्यसदिन पश्चात्ताप गर्ने कुनै मौका हुँदैन । तिनीहरू जसलाई येशूमा भएको विश्वासद्वारा क्षमा दिइएको छ उनीहरूलाई उहाँको अनन्त आनन्दमा ग्रहण गरिनेछ । तर तिनीहरू जो विश्वासमा छैनन् उनीहरूलाई उहाँको नजरबाट हटाइनेछ र उनीहरूले सदाको निम्ति अनन्त तिरस्कार भोग्नेछन् (मत्ती २५:४६) ।

जब येशूले स्वर्ग र पृथ्वीको समस्त अधिकार मलाई दिइएको छ भनी भन्नुहुन्छ तब उहाँले यो दाबी गर्दै हुनुहुन्छ कि उहाँ राजाहरूका राजा र प्रभुहरूका प्रभु हुनुहुन्छ जसले यस संसारमा जिउने हरेकको न्याय गर्नुहुनेछ ।

यो गम्भीर वास्तविकता चर्चको अगाडि नै छ। येशूले आफ्नो चर्चलाई संसारमा गएर न्यायको दिनको लागि पश्चात्ताप सहित तयार हुन मानिहरूलाई आह्वान गर्न माग गर्नुहुन्छ। स्वर्ग र नर्क वास्तविकता भएकोले चर्चले आफ्नो बोलावट तत्परता र उद्देश्यसाथ पूरा गर्नुपर्दछ। यो यस्तो प्राथमिकता हो जुन अरू सबै कुराभन्दा अग्रपङ्क्तिमा छ। र यसैको निम्ति चर्चले आफ्नो समय, शक्ति र श्रोतहरू खर्चिनुपर्छ।

रोकिनुहोस्

सारा मानिसहरूलाई शासन र न्याय गर्ने येशूको अधिकारले चर्चको मिसनलाई कसरी प्रभाव पार्नसक्छ ?

एक खीष्टियान भएको नाताले यसले तपाईंको जीवनमा कस्तो प्रतिक्रिया जगाउनुपर्छ ?

उमङ्ग

उमङ्गले कहिल्यै पनि न्यायको दिनको पक्षबाट चर्चलाई हेरेको थिएन। यसले उसलाई अत्यावश्यकता र गम्भीरताको आभास दिलायो किनकि उसको धेरै साथीहरूले येशूलाई चिनेको थिएनन्। उसले यो पनि सोच्यो कि कसरी चर्चहरू सँगै मिलेर मानिसहरूलाई येशूको बारेमा र येशूले उनीहरूलाई अह्राउनु भएको कामको बारेमा बताउन सक्छन्।

२. येशूले भन्नुहुन्छ- चेलाहरू बनाऔ

न्यायको दिन नजिकै भएको कारण येशूले आफ्ना चेलाहरूलाई यस्तो आज्ञा दिनुभयो, "यसकारण जाओ, र सबै देशका जातिहरूलाई चेला बनाओ।" चेला त्यो व्यक्ति हो जसले येशूलाई पछ्याउन सबथोक त्याग्छ। येशूले भन्नुहुन्छ कि जसै उनीहरू उहाँको दोस्रो आगमनको प्रतिक्षा गर्दछन्, उहाँको चेलाहरूले अझ धेरै चेलाहरू बनाउनुपर्दछ।

येशूले चेलापनको निम्ति गर्नुभएको आह्वान पनि अन्तिम न्यायको पृष्ठभूमिमा गरिएको छः

मुख्य पद *"कोही मपछि आउने इच्छा गर्छ भने त्यसले आफूलाई इन्कार गरोस्, र दिनहुँ आफ्नो क्रूस बोकेर मेरो पछि लागोस् । किनकि जसले आफ्नो प्राण बचाउने इच्छा गर्छ, त्यसले त्यो गुमाउनेछ । तर जसले मेरो खातिर आफ्नो प्राण गुमाउँछ, त्यसले त्यो बचाउनेछ । किनकि सारा जगत् प्राप्त गरेर आफैंलाई चाहिँ नाश पार्छ वा गुमाउँछ भने मानिसलाई के लाभ हुन्छ र ? तर कोही मदेखि र मेरा वचनदेखि शर्माउँछ भने मानिसको पुत्र पनि आफ्नो महिमामा, र पिताको र पवित्र दूतगणको महिमामा आउँदा त्यससँग शर्माउनेछ"* (लूक ९:२३-२६) ।

येशूको चेलाहरूको दैनिक जीवन उहाँप्रतिको आज्ञाकारीता, समर्पणता र उहाँको दोस्रो आगमन सम्म उहाँको अनुग्रहमा भरपर्ने कुराले चिनिनुपर्छ ।

रोकिनुहोस्

आउँदै गरेको न्यायको दिनले हामीलाई सुसमाचार प्रचार गर्नमा कसरी उत्साह प्रदान गर्दछ ?

के कारणले हामी येशूको चेला हुँ भन्नलाई सर्माउँछौं ?

कसरी अरू विश्वासीहरूले तपाईंलाई हरेक दिन आफ्नो क्रूस उठाउन मद्दत गर्दछन् ?

सुरुवाती चर्चहरूले 'चेला बनाउने' येशूको मिसनलाई प्रष्टसँग बुझेका थिए ।

येशूले उहाँको गवाही बन्नका निम्ति विश्वासीहरूलाई सशक्तीकरण गर्न प्रतिज्ञा गर्नुभएको पवित्र आत्मा पठाउनुभयो (प्रे १:८) । उनीहरूले आफ्नो जीवनलाई दाउमा राखी चेलाहरू बनाउन र नयाँ चर्चहरू स्थापना गर्न एउटा ठाउँदेखि अर्को ठाउँ सुसमाचार पुऱ्याए । प्रेरितको पुस्तक र नयाँ करारका पत्रहरू महान् आज्ञाबिना अपूरो छन् ।

प्रेरित पावलले तिमोथीलाई यसो भन्दै येशूको निर्देशनहरूलाई प्रतिध्वनि गर्दछन्, *"धेरै जना साक्षीहरूका उपस्थितिमा तिमीले मबाट जे कुरा सुनेका छौ, ती अरूलाई पनि सिकाउन सक्ने विश्वासयोग्य मानिसहरूलाई सुम्पिदेऊ"* (२ तिमो २:१-२) । एउटा चर्चसँग

घोषणा गर्ने,

भरोसा दिलाउने,

र आफूजस्तै दिलोज्यानले लागिपर्नेहरूलाई सुसमाचार सुम्पने दायित्व छ ।

छोटकरीमा भन्नुपर्दा येशूले आफ्नो चर्चलाई दिनुभएको मिसन भनेको

चेलाहरू बन्नु

जसले चेलाहरू बनाउँछन् ।

उमङ्ग

येशूको चर्चले उनीहरूको जीवन मानिसहरूलाई उहाँलाई चिन्न मद्दत पुऱ्याउनमा समर्पित गर्नुपर्छ भन्ने कुराले चित्त बुझ्यो । तर उमङ्गलाई महान् आज्ञा एकदमै बोझिलो लाग्यो । त्यसैले उसले प्रकाशलाई कसरी चेलाहरू बनाउने हो भनी त्यसको बारेमा बुझाउन आग्रह गऱ्यो । प्रकाशले केही बेर सोचेर भन्यो, "केही उपयोगी कुराहरू छन्, जुन म तिमीलाई बताउन चाहन्छु ।"

महान् आज्ञाको प्रमुख दुई उपयोगिताः

एउटा गैर-ख्रीष्टियानहरू माझ,

र अर्को ख्रीष्टियानहरू माझ ।

गैर-ख्रीष्टियानहरू माझको कामलाई सुसमाचार भनिन्छ भने ख्रीष्टियानहरूमाझको कामलाई चेलापन भनिन्छ ।

अ. चर्चले गैर-ख्रीष्टियानहरूलाई तिनीहरूको पापहरूदेखि पश्चात्ताप गर्न र येशूमाथि विश्वास गर्न आह्वान गर्दै सुसमाचार प्रचार गर्दछ ।

चेला बनाउने प्रक्रियाको पहिलो कदम भनेको सुसमाचार प्रचार हो । परमेश्वरले हाम्रो वरिपरि राख्नुभएको मानिसहरूलाई येशूको मृत्यु र पुनरुत्थानको सुसमाचारको घोषणा गर्नका निम्ति चर्चलाई आह्वान गर्नुभएको छ । हामीले गैर-ख्रीष्टियानहरूलाई तिनीहरूको पाप त्याग्न र येशूलाई प्रभु र मुक्तिदाता भनी विश्वास गर्नलाई आह्वान गर्दछौँ । हामीले उनीहरूलाई येशूका लागि निर्णय लिन मात्र नभई उहाँको चेला बन्न आह्वान गर्दछौँ ।

मुख्य पद *तर तिमीहरू त चुनिएका वंश, राजकीय पूजाहारीगिरी, पवित्र जाति, परमेश्वरका निजी प्रजा हौ । उहाँले तिमीहरूलाई अन्धकारदेखि उहाँका उदेकको ज्योतिमा ल्याउनुभयो, ताकि तिमीहरू उहाँका आश्चर्यपूर्ण कार्यहरूको घोषणा गर्न सक* (१ पत्र २:९) ।

येशूले हामीलाई हाम्रो पापको अन्धकारबाट उद्धार गर्नुभयो र उहाँले हामीलाई अरूलाई पनि यही आशामा आउनलाई बोलाउने मौका र जिम्मेवारी दिनुभएको छ ।

यो कुरालाई भन्न यहाँ सान्दर्भिक हुन्छ जस्तो छ कि चर्चको लागि येशूको उद्देश्य भनेको *'सबै देशका जातिहरूलाई चेलाहरू बनाउनु हो'* (मत्ती २८:१९) । चर्चको सुसमाचारीय प्रयत्न एउटै मात्र जातीय समूहमा सीमित हुनुहुँदैन । किन ? किनकि येशू भारत वा अफ्रिका वा अमेरिकाको मात्र प्रभु हुनुहुन्न । तर उहाँ हरेक भूमिमा भएका हरेक जातिहरूको प्रभु हुनुहुन्छ ।

येशू हरेक देशको पापीहरूलाई बचाउनका निम्ति मर्नुभयो र तिनीहरू हरेकले थाहा पाउनेगरी उहाँको सुसमाचार प्रचार गर्न आफ्नो चर्चलाई आज्ञा दिनुभएको छ ।

रोकिनुहोस्

तपाईंको जीवनमा परमेश्वरले राखिदिनुभएको मानिसहरू को-को छन् जसले उहाँलाई अझै चिनेका छैनन् ?

कसरी तपाईंको चर्चले तपाईंलाई तिनीहरू समक्ष सुसमाचारसँग पुग्नलाई मद्दत गर्नसक्छ ?

तपाईंले कसरी अरू विश्वासीहरूलाई तिनीहरूको गैर-ख्रीष्टियान साथीहरू समक्ष सुसमाचारसँग पुग्नलाई मद्दत गर्न सक्नुहुन्छ ?

येशूले सबै जातिका मानिसहरूलाई बचाउने उद्देश्य लिनुभएको कुराले तपाईंको जीवनलाई कसरी प्रभाव पार्नुपर्दछ ?

तपाईंसँग मिल्ने सांस्कृतिक परिवेशका मानिसहरूलाई मात्र सुसमाचार सुनाउने परीक्षामा तपाईं कसरी पर्न सक्नुहुन्छ ?

येशूप्रतिको प्रेम र महान् आज्ञाप्रतिको आज्ञाकारिताले तपाईंलाई वृद्धि हुन कसरी बाध्य बनाउँछ ?

आ. चर्चले विश्वासीहरूलाई विश्वासयोग्य भई येशूलाई पछ्याउन मद्दत गर्दछ ।

जब कोही विश्वासी बन्छ, तब उसमा चेला बन्ने काम सुरु मात्र भएको हुन्छ । हामीलाई येशूको स्वरूपमा निर्माण गर्न परमेश्वर काम गरिरहनुभएको छ (रोम ८:२९; कल ३:१०) । परमेश्वरले हामीलाई परिपक्व बनाउन हाम्रो जीवनको सबैथोक प्रयोग गर्नुहुन्छ । तर आफ्नो विशेष काम उहाँले स्थानीय चर्चमा र चर्चबाट गर्नुहुन्छ ।

हामीले पाठ ६ मा छलफल गरेका थियौं कि स्थानीय चर्चहरूले यस्तो सम्बन्धहरू बीजारोपण गर्नुपर्दछ जहाँ एकअर्कामा आत्मिक भलाइ गर्ने उद्देश्य विश्वासीहरूले राख्छन् । स्थानीय चर्चहरूको अगुवाहरूले हरेक सदस्यलाई आत्मिक परिपक्वतामा वृद्धि हुन सुसज्जित गर्दछन् जसले येशूको चरित्रलाई प्रतिविम्ब गर्दछ (एफि ४:११-१६) । यी सम्बन्धहरूको केन्द्रबिन्दुमा प्रेम छ जसले हामीलाई येशूले आज्ञा गर्नुभएको सबै कुरा गर्न सहायता गर्दछ (मत्ती २८:२०) । चेलाहरू बनाउने बोलावट स्वैच्छिक रोजाइ वा आत्मिक रूपमा परिपक्व भएको प्रखर व्यक्तिहरूको लागि मात्र दिइएको मिसन होइन । यदि कसैले येशूलाई पछ्याउँछ भने उसले अरूलाई पनि उहाँलाई पछ्याउन मद्दत गर्नैपर्छ ।

महान् आज्ञालाई पूरा गर्ने तरिका र उद्देश्य एउटा चर्चदेखि अर्को चर्चमा भिन्नाभिन्नै हुन्छ । तर मुख्यरूपमा सबै चर्चमा यो अभ्यास हुनैपर्दछ कि उनीहरू एकअर्कालाई निर्माण गर्नका निम्ति भेला हुन्छन् र संसारलाई सुसमाचार प्रचार गर्न फैलन्छन् । यी सबै कुरा एउटै उद्देश्यको लागि गरिन्छ; येशूको निम्ति चेलाहरू बनाउनु ।

३. जब चर्च भेला हुन्छ

मुख्य पद *'तिमीहरू एकसाथ भेला हुँदा... यी सबै कुरा आत्मिक वृद्धिको निम्ति गरिऊन्'* (१ कोर १४:२६) ।

२,००० वर्षसम्म संसारभरीका विश्वासीहरू हरेक आइतबार बिहानी परमेश्वरको पुत्र येशूद्वारा एकमात्र साँचो परमेश्वरको आराधना गर्न भेला भएका छन् । आइतबारलाई कसरी प्रयोग गरिनुपर्दछ भन्ने कुरामा केही असहमतिहरू छन् तर यो त्यो दिन हो जब विश्वासीहरूले आफ्नो

दैनिक जीवनहरूबाट विश्राम लिँदै चर्चमा भेला हुन्छन् र एकसाथ मिलेर परमेश्वरको वचनद्वारा आफैँलाई खुवाउँछन्। यसो गर्ने क्रममा हामी एकअर्काको आत्मिक स्वास्थ्यलाई निर्माण गर्ने उद्देश्य राख्छौँ।

परमेश्वरको वचनमा मात्रै हामीलाई दोषी ठहऱ्याउने, उत्साह दिने र सुसज्जित पार्ने शक्ति छ (२ तिमो ३:१६-१७) भन्ने कुरा थाहा भएको कारण एउटा स्वास्थ्य चर्चको भेलामा हुने सबै कुरा धर्मशास्त्रमा केन्द्रित हुनुपर्दछ।

- जब हामीले भजन गाउँछौँ, हामीले धर्मशास्त्रीय सत्यताहरूले भरिएका भजनहरू मात्र गाउँछौ जसले हाम्रो मनलाई निर्देशन दिन्छ (एफि ५:१९)।
- जब हामीले पुरानो र नयाँ करारको धर्मशास्त्रको खण्ड पढ्छौँ , हामी एकसाथ भएर उहाँको वचनमा भोजन गर्छौं (१ तिमो ४:१३)।
- जब हामी प्रार्थना गर्दछौँ, हामीले व्यक्तिगत र सामूहिक प्रार्थनाहरू गर्दछौँ जुन परमेश्वरको वचनद्वारा अभिप्रेरित छन् (१ तिमो २:१-८)।
- जब हामी प्रचार गर्दछौँ, हामी ती सन्देशहरू घोषणा गर्दछौँ जुन येशूलाई उचाल्ने सुसमाचारको सत्यताहरूले भरिएका छन् (२ तिमो ४:१-२)।
- जब हामी बप्तिस्मा र प्रभु-भोज मनाउँछौँ, हामीले यी जीवित चित्रणहरूमा वचनलाई देख्छौँ (रोम ६:३-४; १ कोर १०:१६)।

परमेश्वरले उहाँको वचनमा आधारित भएर गरिने साप्ताहिक सङ्गति र हप्तैभरि हुने सङ्गतिलाई प्रयोग गरेर आफ्ना मानिसहरूलाई बढ्दो रूपमा येशू जस्तै बनाउनुहुन्छ।

तर चर्च भेला हुँदा त्यहाँ विश्वासीहरू मात्रै भेला हुने गर्दैनन्। अक्सर गैर-ख्रीष्टियान पनि चर्चमा भेला हुने गर्दछन्। धेरै गैर-ख्रीष्टियानहरू ख्रीष्टमाथिको विश्वास आफूमा छैन भन्ने कुरा जानीजानी पनि आउने गर्दछन् भने कोही भ्रममा परी आफूमा विश्वास भए झैँ गरी आउँछन्। जे होस् परमेश्वरले तिनीहरूमा सत्यता प्रकट

गर्न आफ्नो वचन र आफ्ना मानिसहरूको प्रेमलाई प्रयोग गर्नुहुन्छ (१ कोर १४:२४-२५) ।

यही कारणले स्थानीय चर्चहरूले हरेक सेवामा सुसमाचारलाई प्रष्ट रूपमा प्रचार गर्नुपर्दछ । अझ चर्च सदस्यहरू प्रार्थनासहित आगन्तुकसँग कुराकानी गर्ने मौका छोपेर बस्नुपर्दछ । कसलाई के थाहा परमेश्वरको योजना के छ?

३. जब चर्च तितरबितर हुन्छ

मुख्य पद *यसकारण हामी ख्रीष्टका राजदूतहरू हौं, र परमेश्वरले हामीद्वारा अनुरोध गरिरहनुभएको छ । ख्रीष्टकै पक्षमा हामी तिमीहरूलाई बिन्ती गर्दछौं, कि तिमीहरू परमेश्वरसँग मिलापमा आओ* (२ कोर ५:२०) ।

राजदूत भनेको एउटा देशको सरकारलाई परदेशमा प्रतिनिधि गर्ने अधिकारी हो । येशू स्वर्गको आधिकारिक राजा हुनुहुन्छ, जसले आफ्ना चेलाहरूलाई राजदूतहरूमा आयुक्त गर्नुभएको छ । जब चर्च भेला हुन्छ, तब ऊ यस पृथ्वीमा येशूको प्रतिनिधि गर्ने समुदायको रूपमा भेला हुन्छ । र जब हामी छुटिन्छौं तब हामी उहाँको अधिकारमा गएर सबै मानिसलाई *परमेश्वरसँग पुनर्मिलन हुनलाई* आह्वान गर्दछौं ।

यो कुरा रोचक छ कि चर्चमा भेला हुने कुरा अति नै महत्वपूर्ण छ तर परमेश्वरले चर्चलाई अह्राउनु भएको काम चर्च फैलिँदा वा तितरबितर हुँदा पूरा हुनेगर्दछ । जसै हामी मिलेर आफ्ना घरहरूमा, समुदायहरूमा, सानो समूहहरूमा र अन्य ठाउँहरूमा जान्छौं, तब हामी उहाँको प्रतिनिधिहरू भएर जान्छौं ।

हामीले पाठ २ मा गरेको कुरालाई स्मरण गरौं कि सुरुवाती चर्चहरू दैनिकरूपमा एकसाथ समय बिताउने गर्दथे (प्रे २:४२-४७) । तर उनीहरूले यसो गर्ने क्रममा उनीहरूको नजर भने सधैं सुसमाचारतिर थियो । प्रेरित २:४७ ले हामीलाई पहिलो ख्रीष्टियानहरूको बारेमा यसो भन्छ, *"र परमेश्वरको प्रशंसा गर्दै, र सबै मानिसहरूबाट शुभेच्छा पाउँदै बस्थे । उद्धार पाउनेहरूलाई प्रभुले दिनदिनै तिनीहरूको सङ्ख्यामा थपिदिनुहुन्थ्यो ।"*

परमेश्वरले त्यस चर्चको भित्र जे गर्दै हुनुहुन्थ्यो त्यो देखेर उनीहरूले चर्च बाहिर भएकाहरूको बारेमा बिर्सिन्छन् भन्ने तपाईं लाग्नसक्छ । तर त्यहाँको वास्तविकता त्यस्तो थिएन । उनीहरू एकअर्कालाई प्रेम गर्दथे र एकअर्कासँग अनुग्रह पनि बाँड्थे । तर उनीहरूको प्रेम चर्चमा भएकाहरूप्रति मात्र थिएन तर चर्चभन्दा बाहिर पनि थियो ।

त्यो चर्च कुनै टापुमा भएको एकल घर वा निश्चित व्यक्तिहरूलाई मात्र खोलिएको क्लब थिएन । तर उनीहरूले सुसमाचार अनुसार जिए र सुसमाचारको प्रचार गरे । उनीहरूको सिक्ने, प्रेम गर्ने र आराधना गर्ने जोसले हराएका मानिसहरूको माझमा चेलाहरूले बनाउने मिसनलाई उर्जा दिएको थियो । नतिजास्वरूप *'उद्धार पाउनेहरूलाई प्रभुले दिनदिनै तिनीहरूको संख्यामा थपिदिनुहुन्थ्यो ।'*

त्यहाँ सुसमाचार प्रचार हप्तामा एक चोटि वा महिनामा एक चोटि हुने जागृतीको काम थिएन । त्यो त चर्चको दैनिक निशानी थियो । उनीहरूले वचन प्रचारको लागि ढोका खोलियोस् भन्दै दैनिकरूपमा प्रार्थना गर्दथे र जीवनको वचन प्रचार गर्न साहससाथ घरबाट बाहिर निस्कन्थे (कल ४:२-६) ।

के तपाईंले थाहा पाउनुभयो कि *प्रभुले दिनदिनै तिनीहरूको सङ्ख्यामा थपिदिनुहुन्थ्यो ?* चर्चले चेलाहरू बनाउने उद्देश्य राख्नैपर्दछ । र हामीलाई यो कुरा थाहा छ कि परमेश्वरको वचन भन्दा बाहिर गएर कसैले पनि उद्धार पाउँदैनन् । एक जना पास्टरले यसो भन्नुभएको थियो, "हाम्रो काम भनेको विश्वासयोग्य भई पवित्र आत्माको शक्तिमा सुसमाचार बाँड्ने हो र त्यसको नतिजा परमेश्वरको हातमा सुम्पने हो ।" यसले हाम्रो बोझलाई हल्का बनाउँछ र आफ्ना मानिसहरूलाई बचाउने कुरामा पूर्णरूपमा परमेश्वरमा भर पर्न सिकाउँछ ।

यही कुरा प्रेरित १६ मा भएको थियो जब पावलले फिलिप्पीमा सुसमाचार प्रचार गरे । खोलाको किनारमा भेला भएको एउटा समूहलाई पावलले सुसमाचार सुनाउँदा के भयो त्यसलाई लूकाले यसरी बयान गर्दछन्: *'पावलले बोलेका कुरा ध्यानसँग सुनून् भनेर प्रभुले तिनको हृदय खोलिदिनुभयो'* (प्रे १६:१४ख) । परमेश्वरले लिडियालाई उनको पापबाट बचाउन सुसमाचारको विश्वासयोग्य

प्रचारलाई प्रयोग गर्नुभयो । त्यसपछि उनको बप्तिस्मा भयो र उनको घर विश्वासीहरूको भेला हुने ठाउँ बन्यो (प्रे १६:१५, ४०) । अर्को शब्दमा भन्नुपर्दा, फिलिप्पीमा चर्च स्थापना भयो !

परमेश्वरले सुरुवाती चर्चमा सुसमाचार र मिसनहरू दुवैको काम गर्नुभयो ।

***'मिसनले'* सुसमाचार नपुगेको ठाउँहरूमा चर्चहरू स्थापना गर्न वा त्यस्तै परिवेशमा भएका चर्चहरूलाई सहायता गर्नको निम्ति खीष्टियानहरूलाई पठाउने कुरालाई जनाउँछ ।**

सुसमाचार र मिसनहरू कसरी गरिनुपर्छ भन्ने बारेमा धेरै महत्वपूर्ण छलफलहरू भए तापनि यो कुरामा कुनै शंका छैन कि चर्चहरू यस कामको लागि सक्रिय हुनुपर्दछ । जोन पाइपरको शब्दहरूमा, महान् आज्ञा प्रति खीष्टियानहरूको तीन सम्भावित प्रतिक्रियाहरू हुन्छन्: 'जानु, पठाउनु वा अनाज्ञाकारी हुनु ।' अन्तिम न्यायको प्रकाशमा चर्चहरूलाई आफ्नो जिम्मेवारीदेखि पन्छिने र येशूले 'सबै देशको जातिहरूलाई चेला बनाओ' भनी दिनुभएको आज्ञालाई इन्कार गर्ने अधिकार छैन ।

रोकिनुहोस्

के तपाईं प्रार्थनासहित खीष्टको बारेमा बोल्नका निम्ति अवसरहरू पर्खिरहनुभएको छ ?

के तपाईंले आफ्नो घरमा नियमितरूपमा येशूलाई नपछ्याउने मानिसहरूलाई बोलाउनुहुन्छ ?

तपाईंको चर्चको प्रार्थना, प्रचार र शिक्षाले विश्वासीहरूलाई कहिल्यै पनि सुसमाचार नसुनेकाहरू माझ सुसमाचार प्रचार गर्न कसरी घचघच्याउने काम गर्छ ?

अघि बढ्नुभन्दा पहिले हामीले चर्च कसरी समुदायको निम्ति आशिषको श्रोत बन्दछ भन्ने महत्वपूर्ण प्रश्नको उत्तर दिनलाई केहीबेर समय लिनुपर्दछ । धेरै चर्चहरूले चर्चको मिसनलाई उनीहरूको वरिपरि भएका समुदायको निम्ति आशिषको श्रोतको रूपमा हेर्छन् । उनीहरूले भोकाएकालाई खुवाउँदै, गरिबहरूलाई कपडा दिँदै, अनाथ र विधवाहरूको हेरचाह गर्दै, र बाइबलमा आज्ञा गरिएका यस्ता धेरै कुराहरू गर्दै खीष्टको प्रेमलाई प्रकट गर्दछन् ।

चर्चले *गर्नैपर्ने* र चर्चहरूले व्यक्तिगत रूपमा *गर्ने* कामहरूबारे भिन्नता छुट्याउन अति आवश्यकता छ । यो कुरा बुझ्नलाई मद्दत पुगोस् भनी हामी तलको वक्तव्यलाई मूल्याङ्कन गरौं:

ख्रीष्टियान चर्चहरूले तिनीहरूको समुदायहरूमा न्यायको काम गर्दै र आवश्यकतामा परेकाहरूलाई सहायता गर्दै सेवा गर्नैपर्छ ।

यो भन्नुको अर्थ यस्तो नै होइन कि एउटा स्थानीय चर्चमा कर्मचारी, ठूलो बजेट, र राजनैतिक नीतिहरूलाई प्रभाव पार्न, खानाहरू खुवाउन र गरिब बालबालिकाहरूलाई पढाउनका निम्ति प्रतिबद्ध कार्यक्रमहरू हुनैपर्दछ। खासमा येशूलाई आफ्नो चर्चमा यस्तो कुराहरूको आवश्यकता पर्दैन ।

तर यसले भन्न खोजेको खास अर्थ के हो भने स्थानीय चर्चहरूको हरेक सदस्यले परमेश्वरले उनीहरूलाई जहाँजहाँ राख्नुभएको छ त्यहाँ न्यायको निम्ति परिश्रम गर्नु र ख्रीष्टको प्रेम देखाउनुपर्छ। यो कुरा साँचो हो कि हामीले संसारलाई रूपान्तरण गर्न सक्दैनौं तर हामीले जातिहरूको बिचमा चेलाहरू बनाउने क्रममा परमेश्वरको सत्यता र अनुग्रहलाई प्रकट पार्नैपर्दछ।

मुख्य पद *"यसरी नै तिमीहरूको ज्योति मानिसहरूका सामुन्ने चम्कोस्, र तिनीहरूले तिमीहरूका सुकर्म देखून्, र स्वर्गमा हुनुहुने तिमीहरूका पिताले महिमा गरून्"* (मत्ती ५:१६) ।

जब हामी घरमा हुन्छौं तब हामीले घरको काम गर्छौं, खाना बनाउँछौं र परिवार मिलेर सुसमाचार अनुरूप एकसाथ जिउने प्रयास गर्दछौं ।

जब हामी आफ्ना *छिमेकीहरूसँग* हुन्छौं तब हामीले उनीहरूको सेवा गर्दैछौं, उनीहरूसँग मित्रता बढाउँछौं, र उनीहरूलाई पश्चात्ताप र विश्वासको निम्ति येशूको आह्वानलाई स्वीकार गराउन प्रार्थनासहित सहायता गर्दछौं ।

काम गर्ने ठाउँमा आशिषको श्रोत बन्नका निम्ति हामी इमानदारीपूर्वक र लगनशील भएर मेहेनत गर्दछौं, पैसा कमाउँछौं र आफ्ना सहकर्मी साथीहरूलाई येशूलाई पछ्याउन सहायता पनि गर्दछौं।

खाँचो मा परेकाहरूलाई तिनीहरू र हामी जस्तै पापीहरूको पापको निम्ति येशू मर्नुभयो भनी सुसमाचार सुनाउने क्रममा हामीले तिनीहरूलाई खुवाउनुपर्छ, लत्ताकपडाहरू दिनुपर्छ र उनीहरूको सेवा गर्नुपर्दछ ।

रोकिनुहोस्

चर्चको मिसन किन प्रष्ट पार्न आवश्यक छ ?
चर्चले गर्ने अरू महत्वपूर्ण कुराहरू केके हुन् ?
चर्चले गर्नैपर्ने काम (चेलाहरू बनाउने काम) भन्दा अरू महत्वपूर्ण कामहरू कसरी भिन्न छन् ?

उमङ्ग

समुदायलाई सेवा गर्ने चर्चको भूमिकाको बारेमा उमङ्गसँग धेरै प्रश्नहरू थियो । तर चेलाहरू बनाउनु सबैभन्दा ठूलो दायित्व हो भनी उमङ्गलाई प्रकाशले बुझ्न सहायता गरेकोमा ऊ धन्यवादी भयो । उसले यो विश्वास गऱ्यो कि महान् आदेश विश्वासीहरूको निम्ति परमेश्वरको योजना थियो र ठाउँ पाएसम्म त्यसमा संलग्न हुन उमङ्ग तयार थियो ।

४. येशूले आफ्नो उपस्थिति दिने प्रतिज्ञा गर्नुहुन्छ

येशूको अन्तिम शब्दहरूमा हामीले धर्मशास्त्रमा भएकै सबैभन्दा मिठो प्रतिज्ञाहरू मध्ये एउटा पाउँछौं: *"निश्चय नै युगको अन्त्यसम्म म तिमीहरूको साथमा हुनेछु ।"* येशूले हामीलाई यो निश्चितता दिनुभयो कि हामीले मिसनको काम गर्ने क्रममा उहाँले हामीलाई छोड्नुहुनेछैन ।

उहाँले यो प्रतिज्ञा गर्नुभएको छ कि उहाँ हामीसँगै जानुहुनेछ ।

यसको मतलब जब तपाईंले प्रार्थनासहित आफ्नो छिमेकी वा सहकर्मीलाई खाना खान बोलाउनुहुन्छ र सुसमाचार सुनाउनुहुन्छ, तब येशू तपाईंको साथ हुनुहुन्छ । जब तपाईंले आफ्नो आमाबुबासँग येशूको बारेमा कुरा गर्नुहुन्छ र यो भन्नुहुन्छ कि येशू नै तपाईंको मुक्तिदाता हुनुहुन्छ र उहाँहरूको पनि हुन सक्नुहुन्छ, तब येशू तपाईंको साथमा

हुनुहुन्छ । जब तपाईंले आफ्ना सहकर्मीहरूलाई आफ्नो पापदेखि पश्चात्ताप गर्न र येशूमा भर पर्न भन्नुहुन्छ, तब येशू तपाईंको साथमा हुनुहुन्छ । जब तपाईं पीडामा हुनुहुन्छ, थकित हुनुहुन्छ, डराउनु हुन्छ, सतावटमा पर्नुहुन्छ, तब येशू सधैँ तपाईंको साथमा हुनुहुन्छ ।

जब हामी ब्वाँसाहरूको बिचमा हिँड्छौं, तब तिनीहरूको ङ्यार्रङुर्रले हामीलाई हतोत्साहित पार्दैन किनकि हाम्रो असल गोठालो हामीसँगै हुनुहुन्छ । उहाँ नै हाम्रो सामर्थ्य र बुद्धि हुनुहुन्छ र अघि बढिरहन हामीलाई सशक्तीकरण गर्नुहुन्छ । हिब्रू १३:५-६ मा परमेश्वरले भन्नुभएको छ, *"'म तिमीहरूलाई कुनै रीतिले छोड्नेछैनँ, म तिमीहरूलाई त्याग्नेछैनँ ।" यसकारण निर्धक्क भएर हामी भन्दछौं, "प्रभु मेरा सहायक हुनुहुन्छ, म डराउनेछैनँ । मानिसले मलाई के गर्न सक्छ ?"'*

हामी मानिसहरूको डरबाट नियन्त्रित हुनुहुँदैन ।

तिनीहरूले हामीलाई सताउन सक्छन् तर यदि ख्रीष्ट हामीसँग हुनुहुन्छ भने उनीहरूले गर्नसक्ने ठूलो कुरा भनेको हामीलाई मार्नु हो । तर यसो गर्दा, उनीहरूले हामीलाई हाम्रो हृदयले चाहेको येशूसँग सदाको निम्ति रहनलाई अनन्त महिमामा पठाउँछन् (मत्ती १०:२८) ।

के तपाईंले यो कुरामा ध्यान दिनुभयो कि येशूले हामीसँग कहिलेसम्म रहने प्रतिज्ञा गर्नुभएको छ ? 'युगको अन्त्यसम्म ।' हामीले उहाँलाई आमनेसामने नदेख्ने दिनसम्म येशूले आफ्ना चेलाहरूलाई निर्देशन दिने, सुरक्षा दिने र जुटाउनु हुने प्रतिज्ञा गर्नुभएको छ ।

तर उहाँ आउन्जेलसम्म हामीले काम गर्नुपर्नेछ । त्यसैले हामीले सबै कुरालाई दाउमा राखेर *'जाऔं र सबै देशका जातिहरूलाई चेला बनाऔं ।'*

उमङ्ग

प्रकाशले महान् आदेश बारेमा भन्दै गर्दा उमङ्ग मुस्कुरायो किनकि उसलाई यो थाहा भयो कि परमेश्वरले उमङ्गलाई वृद्धि हुन सहायता गर्नका लागि प्रकाश, प्रतिज्ञा र त्यस चर्चका अरू विश्वासीहरूलाई प्रयोग गर्नुभएको थियो । त्यस क्रममा केही तलमाथि नभएको होइन तर उसलाई यो कुरा थाहा थियो कि महान् आदेश प्रति

चर्चको आज्ञाकारिताले उसको जीवन र अनन्त गन्तव्यलाई परिवर्तन गरिदिएको थियो ।

उमङ्गलाई यो पनि थाहा भयो कि परमेश्वरले उसलाई धेरै मित्रहरू दिनुभएको थियो जो येशूदेखि धेरै टाढा थिए । उसले त्यस्ता व्यक्तिहरू समक्ष येशूलाई पुऱ्याउन परमेश्वरले प्रयोग गर्नुहोस् भनी प्रार्थना गऱ्यो । उसले आफ्नो पास्टरलाई यो कुरा बतायो र पास्टरले उसलाई सुसमाचार सुनाउने तरिका सिकाउनुभयो र मानिसहरूलाई येशूको बारेमा बताउन प्रचारमा लग्नुभयो । जसै उमङ्गमा परमेश्वरप्रति प्रेम बढ्यो, त्यसै उहाँको बारेमा अरूलाई बताउने चाह उसमा झन् झन् बढ्यो । उसले आफ्ना साथीभाइ, परिवारलाई येशूको बारेमा बतायो र थोरै विश्वासीहरू भएको ठाउँमा मिसन यात्रामा जाने निधो पनि गऱ्यो । परमेश्वरले उसलाई अरू समक्ष येशू पुऱ्याउन प्रयोग गर्नुभएको देखेर उमङ्ग हर्षित भयो । अनि उसलाई यो कुरा पनि थाहा भयो कि यदि परमेश्वरले उसलाई बचाउन सक्नुहुन्छ भने उहाँले असल अभिप्रायमा जो कोहीलाई पनि बचाउन सक्नुहुन्छ ।

कण्ठस्थ पद

"स्वर्ग र पृथ्वीमा समस्त अधिकार मलाई दिइएको छ । यसकारण जाओ, र सबै देशका जातिहरूलाई चेला बनाओ, पिता र पुत्र र पवित्र आत्माको नाउँमा तिनीहरूलाई बप्तिस्मा देओ, मैले तिमीहरूलाई आज्ञा गरेका सबै कुरा पालन गर्न तिनीहरूलाई सिकाओ । हेर, म युगको अन्त्यसम्म सधैँ तिमीहरूका साथमा छु" (मत्ती २८:१८-२०) ।

सारांश

परमेश्वरले हामीलाई उहाँलाई चिन्न र उहाँलाई चिन्न अरूलाई सहायता गर्नका निम्ति हाम्रा पापबाट छुटकारा भयो । जब हामी संसारमा येशूको सुसमाचार प्रचार गर्न जान्छौं, हामी यो कुरा थाहा गर्दै जान्छौं कि उहाँ हामीसँगै हुनुहुन्छ र उहाँले हामीलाई गर्न भनी बोलाउनुभएको कार्य पूरा गर्नलाई आवश्यक पर्ने सबैकुरा जुटाउनुहुन्छ ।

IX ९चिन्हहरू

९ चिन्हहरूको (9Marks) पहिलो कदमहरू नामक शृंखला अन्तर्गत रहेका यी ससाना कार्य-पुस्तिकाहरूले तपाईंलाई जीवनमा भएका महत्वपूर्ण प्रश्नहरूको बारेमा विचार गर्न सहायता पुऱ्याउनेछ।

१. परमेश्वर: के उहाँ हुनुहुन्छ ?

२. युद्ध: जीवन किन कठिन छ ?

३. आवाजहरू: मैले कसलाई सुनिरहेको छु ?

४. बाइबल: के हामी भरोसा गर्न सक्छौं ?

५. विश्वास: मैले के जान्नु आवश्यक छ ?

६. चरित्र: म कसरी परिवर्तन हुन सक्छु ?

७. तालिम: एक ख्रीष्टियानको रुपमा म कसरी वृद्धि हुन सक्छु ?

८. चर्च: के म जानैपर्छ ?

९. सम्बन्धहरू: म कसरी बिग्रेका सम्बन्धहरू सुधार्न सक्छु ?

१०. सेवा: म कसरी सेवा गर्न सक्छु ?

IX ९चिन्हहरू
स्वस्थ चर्चहरू निर्माण गर्दै

के तपाईंको चर्च स्वस्थ छ ?

९ चिन्हहरू, चर्चका अगुवाहरूलाई बाइबलीय दर्शन र व्यावहारिक श्रोतहरूसँग सुसज्जित गरेर स्वस्थ चर्चहरूद्वारा परमेश्वरको महिमा राष्ट्रहरूमा प्रदर्शन गर्नको निम्ति अस्तित्वमा आएको छ ।

यहि लक्ष्यसाथ, हामी चर्चहरूलाई स्वस्थ चर्चको ९ चिन्हहरूमा वृद्धि हुनलाई सहायता गर्न चाहन्छौँ, जुन धेरै अवस्थाहरूमा वेवास्ता गरिएको छ ।

१. व्याख्यात्मक प्रचार
२. सुसमाचारको सिद्धान्त
३. साँचो परिवर्तन र सुसमाचार प्रचार सम्बन्धी बाइबलीय बुझाइ
४. बाइबलीय चर्च सदस्यता
५. बाइबलीय चर्च अनुशासन
६. चेलापन र वृद्धिको लागि बाइबलीय फिक्री
७. बाइबलीय चर्च अगुवापन
८. प्रार्थनाको अभ्यासबारे बाइबलीय बुझाइ
९. मिसनको अभ्यासबारे बाइबलीय बुझाइ

९ चिन्हाहरूमा हामी लेख, पुस्तक, पुस्तकको समीक्षा र अनलाइन पत्रिकाहरू लेख्ने गर्दछौं । साथै परमेश्वरको महिमाको निम्ति चर्चलाई सुसज्जित गर्ने अभिप्रायकासाथ हामी सम्मेलनहरूको आयोजना गर्ने, अन्तर्वार्ता लिने र अन्य श्रोतहरूको उत्पादन पनि गर्छौं ।

9marks.org/about/international-efforts
9marks.org